寺島実郎
Jitsuro Terashima

シルバー・デモクラシー

戦後世代の覚悟と責任

岩波新書
1610

はじめに――戦後日本のタイムカプセルを開くような考察の試みとして

五〇回目のホームカミングデー

シルバー・デモクラシー。そう題した本を出そうと思ったのは、二〇一五年一〇月のことである。一〇月一八日、私は、早稲田大学で行われたホームカミングデーの式典で、招待校友として祝辞を述べた。五〇回目となるホームカミングデーとあって、大隈講堂は一九七〇年前後に大学を卒業した高齢のOBで埋め尽くされていた。鎌田薫総長の挨拶に続いて私がスピーチをすることになっていたが、鎌田総長は私を紹介するに当たり、概略、次のように語った。

――寺島さんの年次の卒業者について、大学の責任者としては若干忸怩《じくじ》たる思いがある。なぜならば、当時は全共闘運動がキャンパスに吹き荒れ、大学はその嵐の中で一年以上も授業がない「ストライキ」という状況が続いていた。そのただ中で慌ただしく押し出されて卒業していった年次だった。大学として、教育らしい教育もできずに卒業させていったという思いがある。ただ、この世代の卒業者は、その後独自に自分の人生、自分の道を切り開いていった人たちも多い。その一人が寺島さんだと私は思う――。

そこで登壇した私は、なぜかスイッチが入っていた。そして思わず口にした言葉が「シルバー・デモクラシー」だった。

私は、講堂を埋め尽くす同世代の学友たちに自らの問題意識を語った。そこに集まっている学友たちの多くが、この本で言及する都市新中間層、つまり、戦後日本の産業開発の中で都市に集積し、就職して人生を送ってきたサラリーマン層だった。

――いま日本社会において高齢者人口の比重は三割に迫ってきている。二〇一五年には実際に二七%になった。日本の人口が約三〇年後に一億人を割ることは確実視されているが、人口減少と同時に、二〇六〇年には高齢者人口が四割に至ると予想されている。まさに我々が大学に入る頃、一九六六年に日本の人口が一億人を超した。その時の総人口一億人における、六五歳以上人口比重はわずか七%だった。同じ一億でも、「七〇〇万人しか高齢者がいない一億人」と、迫りくる「四〇〇〇万人が高齢者によって占められる一億人」という状況の違いをよくイメージすべきである。

この事態を冷静にシミュレーションすれば、シルバー・デモクラシーの本質的課題が見えてくる。

二〇一五年、実際一八歳にまで投票年齢を引き下げたが、人口の四割が高齢者だということは、有権者人口を分母にとれば有権者の五割は高齢者になる。さらに、若者の投票率が低く、高齢者は投票に行くという現在の傾向が続いたならば、有効投票の六割を六五歳以上の人が占めるという事態が十分に予測される。このまま行けば「老人の、老人による、老人のための政治」になりかねないのである。世に「老人がもっともらしい理屈で戦争を起こし、若者が戦争に行く」という言葉があるが、我々は日本の民主主義を、このような空虚で荒涼としたものにしていいのだろうか。

少なくとも戦後なる日本を生きた世代として、一体どういう日本を残すのか、最小限の責任があるはずだ。歴史を生きる者としてまだやるべきことがあるはずだ。シルバー・デモクラシーへの責任を自覚しよう――。

呻きと拍手

その時、会場から何やら呻《うめ》きのような反応と拍手が起こった。角材・ヘルメットの新左翼学生をはじめ、あらゆるセクトの学生がいたというのがかつての早稲田の特徴なのだが、実は四五年前に、やはり大隈講堂を埋め尽くして、何回もの徹夜の学生大会が行われていた。当時、左翼黄金時代の早稲田のキャンパスで私自身は「右翼秩序派」というレッテルを貼られながら一般学生をまとめて「大学の自治と大学変革」を訴える活動を展開しており、その代表としてヤジと怒号の中で、何度となく大隈講堂で演台に立った。当時の状況が彷彿《ほうふつ》と甦《よみがえ》る中、その時キャンパスにいた学友に語りかけていた、ということなのである。

式典の後に懇親会が行われ、私も顔をよく知っている友人たちが何人も寄ってきて、「あれからお前はどう生きたのか」という話をしたが、ある友人は「シルバー・デモクラシーという言葉は重いね」と語りかけてきた。

あれから約一年が過ぎたのだが、この一年は私にとって、意味のある時間であった。この間あらためて「シルバー・デモクラシー」という言葉の背後にある構造を多面的・体系的に再考して、この本にまとめる時間を得たからである。

実は早稲田での講演の後、高揚感を持って「シルバー・デモクラシー」を書こうとした時には、自分と同世代の人間に対する共感を込めて、自分たちの並走した戦後民主主義を総括して、「がんばろうぜ」というニュアンスで本をまとめていこうと思っていた。ところがこの一年間のプロセスの中で、たとえば二〇一六年の参議院選挙における高齢者の投票行動を考察する(第4章)と、むしろ民主主義にとってネガティブな存在としてのシルバーが浮かび上がってきている。それを率直に見つめ直して、シルバー・デモクラシーの再構想へと論点を改めていこうと模索してきた一年であった。

迫られる民主主義の再考察

また、世界的に見ても、民主主義の再考察を迫る状況が顕在化している。たとえば、英国のEU離脱を巡る国民投票において、四三歳以下の若い世代がEU残留を支持したのに対し、高齢者がEU離脱を支持する投票行動を示した、という事実は重い。また、世界の民主主義国において、米国大統領選挙における「トランプ現象」やフィリピンにおけるドゥテルテ大統領の暴言への国民の支持のごとく、反知性主義的ポピュリズムが跋扈《ばっこ》しており、民主主義への失望に拍車をかけている。

であればこそ、我々は民主主義の意味を再確認、再構築する作業に真剣でなければならない。本書はそうした営為に問題意識を抱く人への参考文献である。

本書の構成は以下の通りである。

第1章では、自分が生きてきた「戦後なる時代」を特色づける「戦後民主主義」というものを自分自身の体験に照らしながら総括してみた。敗戦を受けて、与えられた民主主義として唐突に登場した民主主義に対して、日本人は受け身になりがちである。自分の頭で、主体的に考え抜いて、歴史の進化の証でもある民主主義の価値を再認識するプロセスでもあった。

第2章では、戦後生まれ日本人の先頭世代としての自分らの世代の原点を確認する意味で、一九八〇年五月号の『中央公論』誌に書いた「われら戦後世代の『坂の上の雲』——八〇年代の主役、団塊の世代の創造力」(『われら戦後世代の「坂の上の雲」——ある団塊人の思考の軌跡』PHP新書)を、あえて再録した。三五年前の論稿であるが、七〇年安保闘争(全共闘運動)といわれた「政治の季節」に揺さぶられた世代も、社会参加して一〇年、少し社会の様相が見え始め、自分たちの世代の社会的意味がわかりかけた時点であった。日本が右肩上がりの高度成長期から一九七三年の第一次石油危機、七九年の第二次石油危機という試練をへながらも、まだ「成長を志向する日本」であった時代、三二歳だった私は「当事者意識をもって自画像を描く」思いでこの論稿を書いた。実は、この本は三五年前に埋め込んだタイムカプセルともいえる私自身の「戦後世代論」を掘り起こして、あれからの展開と今後を確認する試みでもある。

その後、私は、イラン・ジャパン石油化学(IJPC)に関わって中東を動き回って現場で格闘し、さらにアメリカ東海岸で一〇年の活動を始めるのだが、この八〇年の『中央公論』論稿を最後に、八年ほど一切ものが書けなくなった時代がある。再び書き始めて以降、団塊の世代の直面している問題を折に触れ書いてきたが、二一世紀に入り、あれから三五年を経て「正念場を迎えたともいえる我々の世代」のその後を考察した論稿を二本収録したのが第3章である。高齢者となり始めた団塊の世代の課題を直視したものである。

さらに第4章は、シルバー・デモクラシーを支える社会構造基盤がどうなっているのか、特に日本の高齢化社会の現実を直視しようとする論稿である。二〇一六年の参議院選挙において、なぜ高齢者はアベノミクスを支持したのかを解明しつつ、背後にある高齢化社会の二極分化の中での不安の心理が「株高誘導型政治」を支持する悲しい社会構造の変化を考察してみた。

そして、シルバー・デモクラシーは日本だけの問題ではない。第5章では、世界のデモクラシーが抱えている現実を考察した。特に二〇一六年米大統領選挙において米国の戦後ベビーブーマーズである二人の候補が競い合ったが、まさにシルバー・デモクラシーのパラドックスを見ているような状況であった。この大統領選は、背後にある深層の課題、つまり「民主主義は資本主義を制御できなくなっているのではないか」という問題を浮上させていたのではないか。英国のEU離脱をめぐる国民投票、いわゆるBREXITも同様である。高齢者は離脱を、若年層は残留を志向し、高齢者の選択が一国の将来を規定する結果となったのである。

では、日本のシルバー・デモクラシーの進むべき方向感とはどのようなものなのか。第6章では、単なる民主主義のあり方論を超えて、三五年前のタイムカプセルともいえる「戦後世代＝都市新中間層論」を日本の現実に照らして再検証し、社会工学的構想力を燃やして、シルバー・デモクラシーをポジティブなものに展開させる知恵を模索してみた。あえて言うならば、シルバーが貢献していく参画型の高齢化社会の土台作りの構想である。特に、戦後日本が高度成長期に人口を都市圏・大都市圏に集中させて高度成長期をしのいだがために、首都圏・大都市圏を取り巻く団地、ニュータウン、そしてマンション群を作り上げ、現在のコンクリートブロック空間の中に高齢者世代を閉じ込めている状況をつくってしまった。田舎の高齢化と都会の高齢化の違いを対比させながら、人間にとっての生き甲斐を社会の中にどのように作っていけるか、まさに「一人一つのＮＰＯ(非営利組織)」に象徴されるような、参画型社会の構築が勝負どころだという思いを述べてみた。

戦後七〇年という歳月

早稲田での講演でも述べたように、我々は戦後世代の先頭世代として、かくも荒涼たる光景を見るために戦後七〇年という年月を積み上げてきたのだろうかという強い問題意識がある。それを大きく三つあげておきたい。

一つは健全な産業主義を取り戻すということだ。戦後の経済の現場を支えて、戦後なる日本の苦闘の中で、復興、成長、そして成熟というプロセスを生きたフロントランナーとして、我々が見上げるように注視してきた人々、たとえば松下幸之助や本田宗一郎、あるいはソニーの井深大《まさる》や日本興業銀行の中山素平《そへい》、私自身にとっては、三井の中興の祖とも言われた水上達三といった人たちはみな、実体経済に深く関わりあって、産業国家日本、通商国家日本をつくるために必死に闘っていた。翻っていまの状況は、「新自由主義」と「リフレ経済学」の複雑骨折である。日銀が異次元金融緩和をやり、「財政出動」してくれれば経済はよくなるなどという経済学を誰が信じて戦後の日本をつくってきたというのか。マネーゲームを礼賛し、株高に拍手を送るような経済学から、もう一回足元を見つめて健全な産業主義に立ち、額に汗して働いている人たちに恩恵が向かうような経世済民の経済学を取り戻さなければいけないのではないか。

二つ目は国際関係である。日本はいま、非常に複雑な中国に対する屈折した感情を生きている。たとえば中国人が外国人来訪者として押しかけて爆買いしてくれることに対して、激しい不快感と爆買いへの期待感とが複雑骨折しているように、中国に対する冷静な視座を見失いつつある。そして中国台頭のエネルギーに追いまくられ、中国の「脅威」を米国との連携の中で封じ込めようというゲームの中に埋没している。本当なら、アジアの信頼を確立して、アジアの中で一次元高い「浩然の気」を放つ指導者としての存在感を高めなければならないはずだ。さらに、アメリカとの関係をどう見直すか、いまだに独立国家としての日本に外国の軍隊の基地を抱えて、そのまま次の世代に継承していくつもりなのかという問いに対して、我々はどう答えるのか。

「与えられた民主主義」という自虐感

それから三つ目として、民主主義の軽さがある。常に襲いかかってくる「与えられた民主主義」に対する自虐感にどう向き合うのか。本気で民主主義を獲得するために闘ったことのない人間が、ある日突然マッカーサー民主主義でもって生きることになったことを踏まえて、その上で民主主義をどう守り、育てていくかという根性を持っているのか。絶えずその「弱いところ」へ国家主義の誘惑が起こってきて、戦後民主主義は「行き過ぎた民主主義」であるという言い方がすぐさま登場してくるのである。結局、常に何かが起こると「絆」と「連帯」を叫び始め、それで国家主義への誘惑に吸い込まれて行く。国家主義への郷愁を讃えた民主主義から脱却できない状況をどう思うのかという課題を、我々は抱えている。

政治においても、定見のない三流の指導者をリーダーとして絶えずポピュリズムの中で持ち出しては失望し、本気で、自分たちの頭で考え抜いた民主主義というものを一向につくり得ていない状況に対する一つの省察を試みた。真っ当な日本を残す覚悟が、これからの一〇年に大きく問われてくるのである。

ボブ・ディランは「思い出」か

折しも、二〇一六年のノーベル文学賞をボブ・ディランが受賞した。我々の世代にとってボブ・ディランの持つ意味をここで語っておきたい。

ボブ・ディランが日本の歌謡に登場してくるのは、ガロというグループの『学生街の喫茶店』だが、実はこの歌は一九七二年の六月発売である。私が新入社員として三井物産に入社した、つまり社会参加をした七三年にはボブ・ディランのことを歌った『学生街の喫茶店』が流れていたのである。

君とよくこの店に　来たものさ
訳もなくお茶を飲み　話したよ
学生でにぎやかな　この店の

片隅で聴いていた　ボブ・ディラン

全共闘運動の嵐は去り、社会参加した若手のサラリーマンとして、時に後輩の就職活動支援で高田馬場から古巣の早稲田のキャンパスを訪れた頃、確かに早稲田の喫茶店街に『学生街の喫茶店』が流れ、ボブ・ディランの『風に吹かれて』などを思い出したものである。

なぜボブ・ディランがノーベル賞を受賞したのか。彼の歌は、国境を越えたメッセージソングとして、自分自身の生き方だけではなく、社会のあり方や国のあり方といった、社会変革に向けて、自問自答しながら関心を拡大させていく時の、若いナイーブな心のBGMだったと言ってもいいだろう。それがいま、時をへてノーベル賞をとったということに感慨を覚える。あの時代を生きた人間が、そう簡単には忘れてはいけない通奏低音が響いてくるのではないのか。「片隅で聴いていたボブ・ディラン」を思い出のソングに終わらせていいのか、いまあらためて問われてくる。

目次

はじめに――戦後日本のタイムカプセルを開くような考察の試みとして

第1章　戦後民主主義の総括と新たな地平
――「与えられた民主主義」を超えて……1

第2章　戦後世代としての原点回帰
――一九八〇年という時点での自画像……21

第3章　それからの団塊の世代を見つめて
――二一世紀に入っての二つの論稿……85

第4章　二〇一六年参議院選挙におけるシルバー・デモクラシーの現実
――なぜ高齢者はアベノミクスを支持するのか……113

第5章　二〇一六年の米大統領選挙の深層課題
――民主主義は資本主義を制御できるのか……133

第6章　シルバー・デモクラシーの地平
――結論はまだ見えない、参加型高齢化社会への構想力……155

おわりに　195

第1章　戦後民主主義の総括と新たな地平

――「与えられた民主主義」を超えて

戦後民主主義の空洞化を再確認するかのような二〇一五年の夏から二〇一六年にかけての政治状況であった。なにしろ、大多数の国民が理解も支持もしていない安全保障関連法が、代議制民主主義のルールを満たしたとして成立した。一内閣の判断によって、大多数の憲法学者・法曹関係者が「憲法違反」とする法案が成立する事態を目撃したのである。「民主主義は死んだ」という叫びさえ空しいほど、事態は深刻である。

そして二〇一六年参議院議員選挙、「アベノミクス」なる金融政策に過剰依存した経済政策を支える「リフレ経済学」は既に破綻し、経済の根幹たる「経世済民」、つまり国民生活における所得も消費も低迷を脱しえないまま、マネーゲームだけが肥大化している状況にもかかわらず、多くの国民、とりわけ高齢者が「株高誘導」に期待してアベノミクスを支持する事態を迎えている。このことは、第5章で詳しく論ずるが、民主主義がもはや資本主義を制御しえない状況に至っているのではないかという懸念を抱かざるをえない。

どうも民主主義の旗色が悪い。民主主義を否定する論調に拍手が向かう傾向さえ見られる。民主主義の「空洞化」「機能不全」という言葉がよぎる。

だが、日本における民主主義の空洞化など、今に始まった話ともいえない。そもそも、この国が民主主義を真剣に希求したことなどあるのだろうか。私自身、戦後生まれ日本人の先頭世代たる団塊の世代として、いま戦後民主主義を再考し、次なる進化を考察したい。

与えられた民主主義への当惑と馴化――出発点の確認

一九四五年の太平洋戦争敗戦後、連合国軍最高司令官総司令部（ＧＨＱ）の占領下に置かれた日本の、ためらいの中での民主主義のスタートであった。同年一〇月、連合国軍最高司令官マッカーサーが、幣原《しではら》喜重郎内閣に、女性の参政権、労働者の団結権、教育の民主化、秘密警察の廃止、経済の民主化からなる「民主化への五大改革」を指示。後の日本国憲法に凝縮される「戦後民主主義」が動き始めた。つまり、与えられた民主主義であった。これを受け止めた日本人の当惑は、雑誌『世界』の創刊号（一九四六年一月号）の安倍能成《よししげ》の巻頭論文「剛毅と真実と知慧とを」に象徴されている。

「民主主義的精神はその根柢に存する道理と正義とによって受け容れらるべきではあるが、歴史と伝統とを異にせる日本に対して、アメリカそのまゝの民主主義の模倣的再現を試みるつもりのないことは、アメリカ人自身の夙《つと》に言明せる所である」と安倍能成は述べた。

同じ号に寄稿された美濃部達吉の「民主主義と我が議会制度」に至っては、「それ(日本のこれからの民主主義)は国民主権という意味に於ての民主主義ではなく、君主主権主義は依然これを確保しながら、君主が民の心を以て心と為し、民意に従って国政を行うことが、所謂民主主義の要求するところに外ならぬ」という次元の認識だった。直前まで国家主義一色だった多くの日本人の困惑は推して知るべし、である。

尾崎行雄の予言

しかし、民主主義の意味を深く認識している論者もいた。一九四七年、私の生まれた年であるが、八八歳になっていた尾崎行雄は『民主政治読本』(日本評論社)を著し、「敗戦の最大収穫は、主権在民の大宣言を前文とし一一章一〇三条からなる新憲法であろう」として、「もし戦争に敗れなかったら、人民の基本人権をかくまで徹底的に保障したこんな立派な大法典はとてもかち得なかったであろう」と述べた。

そして、新憲法は「連合軍のおくり物としてただでもらったような物」だから、粗末にしかねないという見方に対し、「この憲法は数百万の人の命と、数千億の戦費と、タイワン・チョーセン・カバ《ママ》フト・チシマ等の領土と、無条件降伏という最大の不名誉を代価にして、やっと手に入れたたから」という認識を示し、「民主政治は必ず人民自身によって行われる政治でなければならぬ」と述べ、「日本の民主化の実現を妨げるものありとすれば、それは唯一つ、国民自身の無自覚怠まんがあるだけである」という不気味な予言を行っている。戦後民主主義の原点にある言葉と受け止めるべきであろう。

それから二〇年が経過した一九六七年、法社会学者渡辺洋三は『日本における民主主義の状態』(岩波新書)を書き、戦後二〇年が経過した時点での日本を分析し、「多数党が与党として政府を構成し、その政府の政策を多数の名でおしつけるという、与党と政府のなれあいの場に転化させられている。……議会が、政府に対立し相互にチェック・アンド・バランスの関係にたつという三権分立の民主的理念は実現」しないことに危機意識を語っている。日本国憲法が施行されて二〇年、戦後民主主義が一応定着したかに思われた時点でも、民主主義の空洞化は常態であった。

さらにその約一〇年後、真剣に戦後民主主義に向き合った論者である日高六郎は、一九七六年九月号の『世界』で「戦後史を考える　三木清の死からロッキード事件まで」と題し、次のように書いている。

「軍国主義から民主主義への移動が、こんなにも楽なものだと、だれが予想していただろう。

いま私たちは、ひょっとしたら、民主主義から、得体のしれない管理主義的全体主義へのなだらかな道を、スローモーションのように歩いているのかもしれない」

一九七六年といえば、六〇年安保闘争と七〇年全共闘運動という「政治の季節」が一巡し、日本が「高度経済成長」後の時代の空気に包まれていた頃であった。一九六六年に日本の一人当たりGDPは一〇〇〇ドルを超し、一九八一年に一万ドルを超すのだが、一五年間で一人当たりGDPを一〇倍にした時代だったのである。民主主義的風潮が、何となく国民に浸透したかに見えて、何かが本質的に欠けている――、そんな不安がよぎる時代だった。

丸山眞男の「『である』ことと『する』こと」――六〇年安保のキーワード

戦後民主主義を考える時、忘れてはならないのが「六〇年安保」とそれを思想的に支えた丸山眞男であろう。岩波新書『日本の思想』(一九六一年)に収録されている「『である』ことと『する』こと」は、一九五八年一〇月の岩波文化講演会での講演に基づく論稿だが、戦後最大の政治の季節「六〇年安保」の市民運動を支える基盤となった。

「政治を職業政治家の集団である『政界』の専有物として国会のなかにだけ封じ込めること」を拒否し、「民主主義とはもともと政治を特定身分の独占から広く市民にまで解放する運動として発達した」と語り、「〜である」とご託宣を論ずることよりも、「行動すること」の価値を示唆した議論は、六〇年安保に向き合った人々の心に響いた。ピーク時、国会前に三三万人、全国で五八〇万の人が安保改定阻止のデモに参加した。

だが、その丸山眞男も、七〇年安保における全共闘運動においては、「ブルジョア民主主義」の担い手として指弾され、研究室を追われた。六〇年安保における市民運動の敗北を引きずり、若者は角材とヘルメットで武装し、「ゲバルトの論理」(永井陽之助)に陶酔した。しかし、大学の中だけの嵐にすぎなかった運動は孤立と挫折を迎え、七〇年代の後期高度成長期を背景に、ゲバ学生さえ企業戦士として産業の現場にあえなく吸収されていった。

私自身は、まさに七〇年安保と全共闘運動の世代であり、早稲田大学政経学部の学生として、学部の三年から四年生にかけて、荒れるキャンパスの当事者であった。「左翼黄金時代」の早稲田には、あらゆる左翼運動が入り乱れていたが、私自身は当時の価値座標軸からすれば「右翼秩序派」というレッテルを貼られながら、一般学生を糾合して大学の自治の確保と大学変革運動を率いる一人として、混乱の渦に巻き込まれていた。まだ大学への進学率が二五％程度の時代であったが、「あの時、どうしていたか」は、我々の世代に大きく投影しており、あの時、時代のテーマに背を向けて逃げていた人間は、その後の生き方においても、常に時代から逃げ続けてきた、という印象が私の中にはある。熱狂と混乱の中で自分はどう生きるべきかを誰もが考えざるをえない状況だった。

戦後生まれ日本人の先頭世代である「団塊の世代」が、自分をどう認識し、戦後の日本にいかなる役割を果たしてきたかについては、第2、3章において、これまで発表してきた三本の論稿を再録することで認識を踏み固めておきたい。これらの論稿は、自分自身の世代の自画像を直視し、時代と並走しつつ「世代の責任」を確認する作業でもあった。

私生活主義の台頭——七〇年代以降

一九七〇年代から八〇年代、「団塊の世代」に続いて登場した若者が「無共闘世代」であり、大学のキャンパスは立看板も角材もない、同好会とサークル活動の場となった。一九五六年生まれの田中康夫の『なんとなく、クリスタル』(一九八〇年第一七回文藝賞受賞。河出書房、一九八一年)や泉麻人の『ナウのしくみ』(文藝春秋、一九八五年)に象徴される、連帯も共闘もせず自分の関心事に専心する、徹底した私生活主義世代が時代の先頭を走り始めた。

この頃から、脱イデオロギー・非政治的人間の存在が重くなり、政治はほぼ親が政治家という種族の家業となり、まともな人間は経済の現場か、自分の価値観の世界を生きるか、また、日本経済の世界展開の波に乗って海外へと動き、閉ざされた日本の政治に関心を向けることは少なくなった。

あらためて、日本国憲法九七条を読むと「基本的人権は、人類の多年にわたる自由獲得の努力の成果であって、これらの権利は、過去幾多の試錬に堪え、現在及び将来の国民に対し、侵すことのできない永久の権利として信託されたものである」とある。結局、日本人が理解しないまま今日に至っているのが、この「自由獲得の努力」なのである。

私は、『世界』で「一七世紀オランダからの視界」という連載を続け（二〇一〇年一一月号〜）、「近代」なる時代の体系的総括を試みているが、つくづく思うのは民主主義のために格闘した先人たちの人類史における足跡である。

デカルトの「われ思う故にわれあり」という近代的自我への気づき、英国のピューリタン革命と共和制の挫折、そして王政復古時にオランダに亡命し、名誉革命で英国に帰国したジョン・ロックが『統治二論』を書き、王権神授説を否定して人民の自己決定権を正当化した苦闘、さらにそれらがアメリカ独立戦争やフランス革命に影響を与えた歴史の積み重ねを想起するならば、民主主義の上澄みを受容しただけの日本の浅薄さに気付かざるをえない。

平和で安定した戦後日本を生きた日本人は、普遍的価値を重視することよりも、自分が帰属する組織の「ウチの会社」の価値に埋没していった。伊東光晴は、『戦後思想の潮流──その虚像と実像』(伊東他編、新評論、一九七八年)において、「桃太郎主義を超えて」という小論を寄せ、日本人が帰属意識を抱く集団の、内には温かく、外には冷たく緊張感を持って構える傾向を「桃太郎主義」と指摘し、「利益共同体をこえる普遍の論理によるアソシエイトという行動」を促していた。

そろそろ内輪のデモクラシーを脱し、「普遍の論理」を正視すべき時ではないのか。

団塊の世代としての体験的戦後民主主義

敗戦後の昭和二一年から二四年に生まれた世代を「団塊の世代」という。この世代こそ戦後民主主義の申し子である。墨で黒く塗りつぶした軍国主義教育の教科書を用いていた敗戦直後の混迷した教育現場が、一九五〇年代に入って少しずつ落ち着きを見せて戦後民主教育が姿をあらわした頃に小学校に通い始め、日本人として初めて民主教育を受けて育った世代なのである。私自身、一九四七(昭和二二)年生まれで、小・中学校時代、教師たちが戦後民主主義への適応に格闘していた思い出がある。

札幌の小学校五年生の時、炭鉱街からの転校生だった私が、唐突に生徒会長選挙に立たされることになった。奇妙なほど本格的な選挙運動がなされ、タスキをかけて三年生以上のクラスを回って支持を訴え、全校集会での立会演説会が行われた。教師たちが当選を期待していた本命候補を破り、何故か私が当選、その後、札幌市子ども議会の議長にもなり、市議会の議場で、模擬議会の議事運営を行い、当時の教師たちの本音に触れる機会となった。

児童会の委員、クラス委員になっても、委員バッジは付けさせない。「特権意識を持たせないため」との説明だった。さすがに、「運動会で一等・二等の順位はつけない」ということはなかったが、平等主義の徹底が民主教育だとする風潮は存在した。

人口が塊になっていたため、様々な節目を団塊の世代が通過する時、軋《きし》みが社会問題として噴出した。

「七〇年安保」を巡る「全共闘運動」も、この世代が学生として主導した運動であった。計算も展望もない未熟な「全否定」を叫ぶ学園内の運動にすぎなかったが、私は早稲田大学の一般学生として「全共闘運動」と正面から向き合い、一年間にわたる学園封鎖を体験した。社青同（日本社会主義青年同盟）は社会党、民青（日本民主青年同盟）は共産党と、大人が指導する政治運動や、作家の小田実が代表であったべ平連（ベトナムに平和を！市民連合）、ノンセクトラジカルなどの様々な活動家が入り乱れていた。

「左翼黄金時代」のキャンパスでは、先述のように私は「右翼秩序派」とされたが、機動隊導入で先輩・友人たちが就職活動に去って行っても、少数の仲間で「大学変革・社会変革」の活動を続けた思い出がある。その後、様々な現場を生きてきた友人たちも高齢者にさしかかったわけだが、結局、あの全共闘運動の時にどうしていたのかが、それぞれの人生に投影されているという思いが強い。ただ器用に逃げていた者はどこまでも逃げ続ける人生を辿り、いかなる形であれ逃げずに本質を見つめる者は、一隅を照らし自前の人生を持ち堪《こた》えている。

「はじめに」で触れたごとく、二〇一五年秋、早稲田大学のホームカミングデーに大隈講堂で多数のOBに話をする機会があり、その夜、学部卒業時のクラス会が行われた。久々に旧友の話を聞くと、二十数人のうち、少なくとも四人がそれぞれの思いで、二〇一五年夏の安保法制を巡るデモに参加したという。

団塊の世代が就職し、社会参加し始めた一九七〇年前後は、高度成長期で、幸運にも就職の扉は開かれていた。つまり、右肩上がりの時代に企業戦士となったこの世代に対し「真っ赤なリンゴ」という言葉がささやかれた。「丸山眞男とマルクスの結婚で、表面はアカ(左翼)がかっているが一皮剝《む》けば真っ白だ」というジョークである。その後、バブル期に中間管理職として組織を支える役割を演じ、「ウチの会社」意識の担い手に変質していった。

「民主党」への政権交代の挫折——団塊の世代の失敗

拙著『脳力《のうりき》のレッスンⅣ　リベラル再生の基軸』(岩波書店、二〇一四年)で書いたことだが、実は、民主党政権の失敗は「団塊の世代の失敗」でもあった。鳩山由紀夫、菅直人、仙谷由人をはじめ、二〇〇九年から三年間の民主党政権には、一五人以上の団塊の世代が大臣・副大臣・党三役として参画した。

団塊の世代の特色でもあり、この世代を先頭とする戦後日本人が身につけた、強靭《きょうじん》な価値基軸を持たない者の危うい変容性が、この政権の迷走の要因であった。タテマエとしての理想主義への傾斜、そして要領のよい現実主義への反転、つまり、入口の議論ではたとえば「故郷《ふるさと》は地球村」「コンクリートから人へ」といった美しいキャッチコピーが好きで、複雑で厳しい現実に直面するとあえなく変容する。

このことは、沖縄基地問題から原発問題におけるまで、民主党政権のあきれるほど無責任な変容を我々は目撃することになった。

蛇足かもしれないが、団塊の世代への失望は「民主党の挫折」だけでは終わらない。政治のフロントラインに登場した団塊の世代への失望はあまりに深い。その代表格が、猪瀬直樹、舛添要一という存在であろう。彼らが起こした出来事の背後に聞こえるBGMの悲しさは、松本清張原作の映画『砂の器』（一九七四年）のメロディーを思わせる。まだ、敗戦の余燼燻《よじんくすぶ》る中で生まれ、豊かさを求めて駆け上がる時代の日本に一定以上の努力を重ね、社会的評価も高めてきたはずの人物が抱える不思議なまでのコンプレックス――、創造的知性とはあまりにかけ離れた「闇」を感じるのである。この世代にまともなリーダーはいないのであろうか。

残念なことに、団塊の世代は戦後日本人の先頭世代としての責任をまだ果たしていない。仮性成熟の世代というべきで、キレイごとの世界を脱して何を成し遂げるかの覚悟ができていない。戦後の残滓《ざんし》というべき課題、安全保障、原発、沖縄基地などの問題を突き詰めるならば、結局のところアメリカとの関係であり、「反米・嫌米」の次元を超えて、真剣に日米戦略対話を進める決意と構想力が求められるわけで、対米関係の再設計なくしては日本の新しい時代は開かれないのである。

フォークソング、グループサウンズ、ニューミュージックに滲《にじ》み出る世界観、つまり「やさしさの世代」として身につけたものが、私生活主義の独り言で終わるのか。「シルバー・デモクラシー」という言葉が重みを増している今、投票人口の六割を高齢者が占めると予想される時代に向けて、戦後民主主義の責任世代として、どう折り合いをつけるのか。団塊の世代は自ら解答を出さねばならない。

戦後民主主義の価値――それでも「民主化への前進」

「戦前」といわれた日本にも、それなりの民主化への前進が見られた。明治期の自由民権運動や大正デモクラシーも一定の意義を持ちえたが、国権主義的枠組みの中での限定的国民参加であった。一九二五年三月の第五〇回帝国議会で、男子の普通選挙が実現することになり、それまでの選挙権における納税要件が撤廃され、二五歳以上の男子には選挙権が与えられたが、婦人、植民地住民、生活困窮者には与えられなかった。注目すべきは、同じ第五〇回帝国議会で、「治安維持法」が成立していることである。「国権主義的枠組みの中での民主化」がその後の日本の進路を決めていくのである。

確かに、一九二五年の「普通選挙」により、有権者はそれまでの三二八万人から一二四〇万人へと四倍近く増え、国民の政治参加への道は拡大された。しかし、選挙権の拡大は戦争を抑制するどころか増幅する装置となったことは、その後の「大政翼賛会」の形成過程を想起すれば明らかである。デモクラシーと総力戦(国民戦争)は、戦争への自発的協力を促す仕組みとして相関していくのである。

我々は、日本における民主主義の歴史の中で、戦後民主主義の意味を踏み固め、その進化を図るべき局面にある。まず、戦後民主主義は「与えられた民主主義」という限界を内包しながらも、婦人参政権の実現、二〇歳からの若者への投票権の拡大を柱とする、民主化への前進という意味があることを確認すべきである。

戦後民主主義に疑問を抱く人たちの本音に耳を傾けると、そこに「戦後民主主義は悪平等をもたらした」という論点があることに気付く。「女子供」が衆愚政治を増幅させているという差別意識が見え隠れしているのだ。つまり、より多くの国民の意思決定への参画を快く思っていないのである。それ故に、常に多数派を偽装した選民による意思決定への誘惑が生じるのである。

いうまでもなく、民主主義とは「多数派の支配と少数派の擁護」である。問題はその「多数派」の正当性であり、民主主義を志向する者にとって、現下の日本の政治は正当性を喪失しつつある。考えてみよう。二〇一四年一二月の総選挙は、野党の準備不足を衝いた抜き打ち解散で、争点は「アベノミクスへの信任」とされ、決して安全保障法制や憲法改正を争う選挙ではなかった。

結果は、自民四議席減、公明四議席増で、大勝を目論んだ政権の意図は空振りであった。何より投票率は五二・七％という低調さで、比例区での自民党の得票率は三三・一％であった。つまり有権者のわずか一七・四％の得票にすぎない政党が総議席の六一・三％たる二九一議席を得るという「仕組み」が、国民の意思と乖離《かいり》した安全保障法制を成立させる議会を作ったのである。それも現在の代議制のルールにかなった意思決定だと主張する人もいる。だが、戦後民主主義が行き着いた代議制のあり方に根源的な不信が生じていると言わざるをえない。

直接民主制への限りない誘惑

その背後にある大きな要因が、ＩＣＴ(情報通信技術)革命の進行に伴う「直接民主主義は技術的に可能かもしれない」という変化である。これまでの政治学の常識は、「ギリシャ・ローマの都市政治ならば、直接民主主義は可能かもしれないが、大衆が政治参加する現代政治においては、代議者が国民と意思決定を繋ぐ道管の役割を果たさざるをえない」というものであった。しかし、ＩＣＴ革命が進行し、ネットワーク情報技術が浸透して「ビッグデータ」「ＩｏＴ」(Internet of Things、モノのインターネット)といわれる時代を迎え、「もし、ある争点に関して、正確に国民の意思を問うのであれば、本人認証を厳密化したインターネット投票によって、技術的には確認することが可能かもしれない」という時代が到来しているのである。

直接民主主義への限りない誘惑であり、その技術可能性への予感が、国民の意思を反映していない代議制の現実と政治を弄《もてあそ》ぶ自堕落な代議者の実態に憤り、「政治不信」を加速させているのである。二〇一五年夏、安保法制を巡って国会前に集まった人々が、これまでの市民運動、労組、団体と異なり、「ネットで呼びかけ、呼応する人たち」という性格を持っていたのは偶然ではない。

私は必ずしも直接民主主義を支持しているわけではない。民主主義こそ指導者を必要としており、移ろいやすい民意に乗った劇場型政治がよいとは思わない。「大衆の反逆」(オルテガ・イ・ガセット)に過敏に振り回される政治は危険でさえある。だからこそ代議者の役割が大切であり、単に民意を意思決定にストレートにつなぐだけの役割ではなく、識見を持ったオピニオン・リーダーとして意思決定の質を高める役割を担わねばならない。だが、現状の多くの議員は政党内での数合わせの陣笠にすぎず、代議制での議論を通じて意思決定の質が高まっているとは思えない。

もし、代議制民主主義の価値を認め、生かすのならば、代議制の錬磨に取り組まねばならない。具体的には、政治で飯を食う人の極少化であり、代議者の定数削減であり、任期の制限である。日本は、人口比で米国の三倍の国会議員を抱え、一人当たり年間二億円の国家予算を代議制のコストとしている。人口が今後四〇年間で三割減ると予想されている国で、国会議員の数を半減することは合理性があり、任期を何年かに制限することは、孫子の代まで政治家を継承する世襲議員や政党を渡り歩くゾンビ議員を消去するために必要な筋道であろう。

「定数削減」は二〇一二年の政権交代時の約束だったはずであり、その後の経過を注視すれば、いかに政治で飯を食う人たちが与野党ともに互助会的に現状にしがみついているかがわかる。選挙時の「風」と小選挙区制の魔術で当選した劣悪な議員ではなく、尊敬される優れた代議者を選び育てる仕組みが実現されねばならない。

もう一つ、「首相専制政治の牽制《けんせい》」に工夫を要する局面に来ている。「タテ割り行政の排除」という意図もあり、官邸主導がこのところの流行である。「日本版ＮＳＣ（国家安全保障会議）」などの統括組織の新設、やたらに増える「担当大臣」の登場で、本来の主務省庁との役割分担が不明なまま奇妙な首相専制政治が繰り広げられている。

議会のチェックも与党内の牽制も効かぬ首相主導は危険である。代議制の下で大統領制に近い権限を首相に行使させるのであれば、現行憲法通りに議会が首相を選ぶにせよ、国民投票で信任を問うなどの方式が付加されるべきであろう。

戦後民主主義の進化　成熟した民主国家へ

戦後七〇年を経て、戦後民主主義と並走してきた日本人の本音は、普遍的価値としての「民主主義」など存在するのかという冷ややかな心理である。代議制民主主義が機能せず、空疎な職業政治家の巣窟となっているという現実、さらに、「プロレタリア独裁」を正当化する社会主義体制は冷戦の終焉《しゅうえん》とともに色褪せ、共産党一党支配の下での中国の「人民共和国」体制にも共感できない中で、我々はどのような民主主義を目指すべきなのか。

戦後民主主義は確かに与えられた民主主義かもしれないが、今その真価が根付くか否かの試練の時を迎えている。安保法制から憲法改正に至る「国権主義的国家再編」と「軍事力優位の国家への回帰」を試みる勢力という明確な敵に対峙しているからである。民主主義への「国民の不断の努力」（憲法一二条）が求められるその時なのである。

戦後日本という過程を生きた者が、後世に何を引き継ぐのかが問われている。二一世紀の日本は、中国と対抗できる軍事力と経済力を持った専制国家ではなく、アジアの安定軸としての敬愛される成熟した民主国家でなければならない。

第2章　戦後世代としての原点回帰

――一九八〇年という時点での自画像

戦後日本に生まれた先頭世代として、戦後なる日本と並走して生きてきた。人間は環境の子であり、この時代の空気の影響をどっぷりと受けてきたといえよう。私自身、「自分たちとは何者なのか」——自らの世代の自画像を描く試みを続けてきた。全共闘運動の余燼くすぶる早稲田のキャンパスに立ち、大学院生として一九七一年に書いた「政治的想像力から政治的構想力へ」以来、人生の節目ごとに自分の世代を見つめる論稿を書いてきた。その主なものはＰＨＰ新書の『われら戦後世代の「坂の上の雲」——ある団塊人の思考の軌跡』(二〇〇六年)に収録されている。

本章では、自らの世代解析の原点を見つめる思いで、一九八〇年の論稿を明らかな誤記・表記の統一などを除き一切修正・加筆せず、掲載時のまま収録した。いま読み返すと未熟な部分もあるが、この論稿の中で、オルテガ・イ・ガセットが、西欧における一五五〇〜一六五〇年を画する大転換を「近代的人間の誕生過程」としていることを引いて、日本の戦後世代を西欧史における「近代的人間の登場」に比肩しうる存在と位置づけ、戦後民主主義をはじめとする戦後近代化の担い手としての期待感を示している。

この論稿では、「戦後世代を形成したもの」として、情報環境としての「テレビ」、移動手段としての「自動車」、住環境としての「団地」、家族状況としての「核家族化」、教育環境としての「戦後民主主義」を抽出し、論及している。そして、「都市新中間層」の中核となりつつある戦後世代という認識を提起し、「私生活主義」と「経済主義」に傾斜しかねない危うさを内包しながら、戦後世代が目指す「坂の上の雲」に期待感を込めた内容となっている。

本書では、この論稿が提示した視界を基点として、「それからの戦後日本」「それからの戦後世代」を見つめ、論を進めていきたい。実は、本書の狙いが、三五年前に私自身が埋め込んだタイムカプセルともいえる「戦後世代＝都市新中間層」論を掘り返し、その結末と今後を論ずることにもあると、読者は気付かれるであろう。

おそらく、本章に採録した一九八〇年の論稿が、戦後世代が自らの世代を客観視する試みとしては先駆的試みであった。日本が右肩上がりの成長を実現し、一九七三、一九七九年の石油危機を乗り越えて、八〇年代に入った頃の作品であるが、それは、私自身が「都市新中間層の予備軍」として三井物産という総合商社に入社して七年、一九七五年のサイゴン陥落、一九七九年のイラン革命に衝撃を受けて、調査情報・経営企画の分野の若きスタッフとして、少しずつ世界が見え始めた頃であった。この論稿は論壇時評を始め、多くの読者の反応を受け、自己分析の難しさを痛感した思い出がある。

われら戦後世代の「坂の上の雲」（『中央公論』一九八〇年五月号）

1　いま、戦後世代として

「戦争」はあった

昭和二〇年八月一五日、敗戦の当日に河上肇《かわかみはじめ》は次のような歌を詠んだ。

「大きなる饅頭《まんじゅう》蒸してほほばりて茶をのむ時もやがて来るらむ」

それから三分の一世紀以上が過ぎ、経済復興、高度成長という過程を経て「豊かさ」が国民生活を包み込んだ今日、饅頭はもはや国民のあいだであまり好まれる食物ではなくなった。というより「おいしいもの」があり余って饅頭の相対的地位が下がってしまったというべきなのかもしれない。それでも、饅頭の「甘い味覚」を渇望した思い出のある戦前・戦中派の親父たちは、ときおり思い出したように饅頭などを買って帰ることがある。すると、子供たちが箱を開けて「なんだ、饅頭かあ。プリンのほうがよかったのに……」と失望の声を上げる。親父は、誰も手をつけない饅頭の箱から四、五日モゾモゾと饅頭を取り出しては片づけていき、ため息をつく。「ついこのあいだまで、饅頭が、そして金鍔《きんつば》が、とてつもないごちそうだった時代があったんだが……」

たしかに戦争があった。二三〇万人の軍人と、七〇万人の民間人の同胞が死傷し、家が焼かれ、産業が破壊され、民族に悲惨と混乱をもたらした「太平洋戦争」という戦争があったのだ。そして、アジア全体を戦火に巻き込み、結果として列強によるアジア支配構造を解消する間接的導火線になったとはいえ、明治以来の列強模倣の「脱亜入欧」路線の行き詰まりに生じた「侵亜」の破産という事実が横たわっているのである。そのことの意味はあまりに大きい。じつは、現在の政治、経済からわれわれの日常生活に至るまでのすべてが「敗戦」という事実に規定されたものであり、戦争による被害者性と加害者性の同居した「疲弊感」こそ、戦後日本の出発点であった。

一九七〇年前後に『戦争を知らない子供たち』という歌がはやったことがあった。思えばその時点では、「戦争を知らない」ことが一つの画期的なこととして表現されねばならぬほど、「戦争」という出来事の意味がまだ重くたれこめていたのである。しかし、日本にとってその後に続く一〇年間の意味は大きかった。いまや、戦後の昭和二〇年代生まれの者はすべて成人し、昭和三〇年代以降の人間を加えたいわゆる「戦後生まれ世代」は、すでに日本の総人口の六〇％に迫り、選挙権をもつ成人人口の三五％を占めるに至っている。もはや、「戦争を知らない」ことはあえて表現される必要もないほど当然のこととなり、「戦後」という概念は「戦無」という概念にとってかわられている。より具体的な現実として、企業および官公庁などの職場組織においては、いわゆる「定年制」によって、成人として戦争を体験した世代は、第一線から姿を消しはじめている。「八〇年代」を問うとき、与件として認識しておかねばならぬことは、八〇年代を生きる人間、すなわち社会構成主体の大部分が「戦後世代」となるということであろう。

量的に戦後世代が擡頭《たいとう》しているというだけではない。後で述べるように、戦後世代のもつ性格・行動様式はたんに若さに付随する積極的活動力によってだけではなく、「戦後」という時代の性格との相互規定関係において社会全般を席巻する大波を引き起こしている。現在、主潮となっている政治の「保革」枠の流動化も、劇画やニューミュージックの隆盛も、すべて戦後世代の擡頭と密接な関係をもつものである。それはまた「戦後」という特異な時代環境を土壌として成長した世代が、自らが成長した土壌を問い詰め、自らの課題を明らかにし、真正面から問題に挑戦していくべきときが始まっていることをも意味する。

ほかならぬ私自身も、昭和二二年生まれの「戦後世代」の一人として、しかも、もはや若者、ではなく、大人になった戦後世代として、自分たちが新しい役割を担いつつあることを意識せざるをえない。前の世代の論者から「モラトリアム世代」「仮性成熟世代」「三無世代」「不機嫌世代」などという呼称をいただき、「なるほど、そんなものかなあ」と社会学のサンプルに甘んずるときではなく、当事者意識をもって「われらが時代」を語るべきときなのである。

戦後世代論への視角

世代論は、誰もが身の回りに「世代」を意識する具体的対象をもち、歴史の動きをもっとも日常的に実感する契機であるために、つねに社会論者の関心を引きつけてきた。だが、それだけに、世代論は俗論としての「若者世代への慨嘆」か、その逆の「若者の可能性への讃美」に流れがちな困難をはらんでいる。それは、おそらく世代論が、絶えず生成している人間社会の断面を便宜的に断ち切ることに由来するものであろう。すなわち、そこでは、どんな時代にも存在した「老人対青年」の問題(「歳をとれば人間は変わるものだ」という考え方をめぐる問題)と、時代環境からの存在拘束性の問題(「人間は時代環境によって規定されるものだ」という考え方をめぐる問題)が未整理のまま混在し、短絡した結論をもたらしがちなのである。したがって、世代論を突き詰めることは「人間の歴史に世代がわりによる進歩(変化)などあるのか」という問題への解答すら求めるものであり、そうした厳粛なる問題意識なくしては、「世代」の議論をもちだすべきではない。

オルテガ・イ・ガセットはその著『危機の系譜』(一九四二年、邦訳・理想社)において、「人間の生の構造物」たる「世代」概念を注視し、西欧における一五五〇～一六五〇年を画する大転換を、人類の「一変種」としての新しい世代、いわば「近代的人間」の誕生過程として論及している。それは、人間が前近代的拠り所(確信の体系)を捨て、新しい近代的拠り所を形成したことを意味する。すなわち、近代的人間は、「科学に、純粋理性に、自分の確信の体系の基礎としての役割を振り当てた」とされたのであった。

私は、日本における戦後世代の登場の意味は、西欧史における「近代的人間」の登場にも比肩しうる、というより、世界史においても、きわめて特異な事象であると考える。西欧では、一六世紀後半における「近代的人間」の登場から、たとえばビートルズに象徴される脱近代、成熟社会に生きる人間を生み出すまで、四〇〇年を要した。日本では、「戦後近代化」といわれる前時代の確信の体系の急激な崩壊過程の中で、極端にいえば、前近代から近代を突き抜けて、脱近代までを走り抜けるような「世代」がわずか三〇年のあいだに凝縮的に形成されたと思われるのである。「近代化」の滋養と毒を慎重に時間をかけて分別したうえで、近代の構築と止揚を試みてきた西欧に比し、日本は、近代化の要請と思われるものを効率的に選び出し、「産業化」を核にした近代化を一気に推し進め、早くもその達成のスピードの死角に生じた諸問題に直面し、「脱近代、超近代」への志向を萌芽させるに至っているのである。

なるほど、日本では戦前にも「近代の超克」が論ぜられたことがあった。だが、超克さるべき「近代」すら明確に設定されていなかった時点における「超克論」は、所詮、空疎なものであった。現在においても、日本の「近代」を体現するはっきりした実体のないまま「近代の限界」が論ぜられているという見方も成立しうる。だが、いま、「戦後世代」という戦後近代化の母胎の中から生じた世代において、意思的に近代に対峙するものではないにせよ、状況として「近代」を空洞化させ、流動化させて、新しい時代を誘導しつつある人間群が登場してきていることも確かである。

この世代、すなわち戦後世代のほとんどは、自らの歴史的役割を意識してはいない。むしろ、「歴史的役割」などという歴史主義的表現を好まず、近代を、そしてその超克をさえも、肩の力を抜いた微笑で見つめつづけている。だが、ここに未来の原型があり、予兆があることだけは否定しがたい。戦後世代が身につけ、表現しはじめているものの、内側からの総体的解明と、戦後世代の進路へのごまかしのない問い詰めが、明らかに求められている。

2　戦後世代を形成したもの

「戦後近代化」とは何だったのか

わが家で初めて家庭電気機器を買ったのは、昭和二八、九年で、私が小学校一、二年のころだった。それはトースターであった。ニクロム線を巻いた電熱器はそれ以前にもあったが、卓上にキラリと光るトースターが置かれたときは、何かとても豊かな気分になったものだ。「電化生活」という言葉が生まれ、その町の医者などの金持ちや、床屋などの客商売がテレビを買いはじめたのが、それからまもなくであった。そのころから昭和四五年ごろまでの日本人には、「近代化」「文明化」「技術進歩」に対する素直な信頼と期待があった。昭和二〇年代生まれの戦後世代の中に強い印象を残しつづけている手塚治虫の漫画『鉄腕アトム』の主題歌にある「心やさし　科学の子」に象徴されるように、科学、純粋理性への信頼という意味において、戦後世代はオルテガのいう「近代的人間」としての基底的要素を内にはらみつつ成長したといってよい。

ところで「戦後世代」という場合、厳密には、昭和二〇年代生まれ（戦後世代第一代）と、昭和三〇年代以降生まれの世代(戦後世代第二代)とを分けて考えることが必要であろう。「戦後近代化」の進行にともなって、戦後世代を規定する環境条件に質的差異が現れたと考えるのが当然であるが、ここでは、戦後三五年を貫いた歴史エネルギーとしての「戦後近代化」の衝撃を受けとめた世代としての共通性を重視し、戦後世代第二代における戦無性の顕在化は、「戦後近代化」の深化・成熟過程として位置づけておきたい。

戦後世代と「戦後近代化」過程

「戦後近代化」とは何であったのか。抽象的概念規定からすれば、経済的には、工業化とくに重化学工業化を通じた高度経済成長と一般的富裕化の達成、政治的には、婦人を含む普通選挙を契機とする大衆民主主義の成立、文化的には、大衆消費文化の成立と「合理主義」の浸透過程ということができよう。

こうした抽象概念としての「戦後近代化」を、人間を具体的に規定する生活環境の変化という視点から捉えなおす必要がある。それは、戦後の社会構造変化を象徴する事象を、戦後世代である私自身の体験(身体と経験)の中に位置づけ、「戦後近代化」を再確認する作業にほかならない。

戦後近代化を象徴する五つの事象としては、情報メディアとしての「テレビ」、移動メディアとしての「自動車」、生活空間としての「団地」(非木造集合住宅)、家庭における「核家族」、教育における「戦後民主教育」をとりあげたい。これら五つの事象をつなぐ構図こそ、一人ひとりの戦後世代が生育した具体的生活環境であり、そこに戦後世代の基本性格を探る鍵があると思われる。

●テレビについて

日本でテレビ放送が開始されたのは昭和二八年であり、昭和三〇年代を通じてテレビ受像機は急速に普及し、昭和四〇年の普及率は全世帯の八割を超すに至った。したがって、戦後世代は、幼少期から活字、音声といった従来のメディアに加え、映像による情報に日常的に接してきたのであり、とくに昭和三〇年代以降生まれは、色彩のある映像情報(カラーテレビ)によって育った世代である。

テレビが、情報メディアとして人間にいかなる影響を与えるのかについては、諸論が簇出《そうしゅつ》してきた。集約していえば、テレビに対する評価(断罪および弁護)は異なるにしても、テレビのメディア特性に関し、受け手が「五官すべてで情報に触れる」メディアであること、すなわち、いつのまにか人間を包み込み、情報がつくりだす現場への臨場感、連帯感、参画感を抱かしめるまでに浸透力をもったメディアであることについては、見解はほぼ一致しているものと判断してよい。

かつて、マクルーハンは「メディアはメッセージである」と語ったが、「五官に訴える」というテレビのメディア特性が、「より多くの受け手に見せ、売り込む」という大衆消費社会のメカニズムと結びついたとき、テレビ文化（とくに、日本の）の性格は自ずと決定されていった。すなわち、メディア特性を生かした番組、大衆のより多くの関心を引きつける番組という与件の下では、人間の原始的関心領域（たとえば、食欲、性欲）をくすぐる単純明快な具象性が情報メディアに求められ、「センセーショナリズム」へと文化を巻き込んでいったのである。

しかしながら、テレビメディアの衝撃は、いまや、さらに新しい次元を迎えつつある。テレビ文化の中で形成されつつある人間の性格を象徴的に表現したものとして、「テレビ人間」という言葉があるが、従来のテレビ論によって提起されてきた受け身のテレビ人間（人間のメディアに対する受動性）という意味内容は、いまや修正を迫られている。すなわち、ビデオレコーダーおよびテレビゲームの登場により、人間のテレビへの関与はより積極的、能動的になってきていると思われる。正確には、受動性が昂じて、本質的に受け身であることさえ気づかず、その枠組みの中で主体性を示しはじめているというべきなのであろう。いまや、テレビ人間もたんにゴロ寝をしながら一日中テレビを観ているのではなく、一つの趣味として、テレビをたっぷりといじくりまわす人間なのである。

私の友人にもビデオテープ・ライブラリーをつくり、顔色を変えて番組を録画し、繰り返しそれを観て楽しむという男がいるが、テレビというメディアを無機的客体としてその効用、影響を論ずべき段階ではなく、テレビと人間が触れ合い、対話し、関わり合い、感情移入さえ行なわれているという状態を見つめなければならなくなっている。

人間がテレビ文化の中に主体的に関与し、結果として無意識のうちにより徹底したかたちで取り込まれていく中で、人間の思考、行動様式もテレビ文化の特性を帯びつつある。その一つが、論理よりも感性の優位という様式である。すなわち、映像によって情報を受けとめることに馴化する中で、大づかみのイメージ、フィーリングで情報を把握する傾向が強くなっており、これは、情報を頭の中で論理構成していくことによって理解した活字情報主流時代と比べ大きな違いである。

また、多様な関心領域の中でのエッセンス消化型の行動様式ということも重要である。たとえば、最近の子供はテレビを観るとき一つの番組を固定的に観るのでなく、たえずチャンネルを切り替えながらエッセンスだけを要領よく観るという傾向が強まりつつあり、タッチ式のチャンネル切り替え装置、画面が二つあるテレビの開発などは、そうした傾向への商品技術的対応であろう。また、番組内容もダイジェスト性の強い単純明快なものへの傾斜が進んでいる。すなわち、マルチチャンネルをカバーし、モザイク的な表層の知識を求める方向へと人間の思考・行動様式を向かわせているところに、テレビ文化の衝撃があると思われるのである。

さらに、テレビによって思考の無意識の画一化がもたらされていることも指摘できる。あえて言及するまでもなく、テレビから伝えられるメッセージは、テレビ局が多数あるにもかかわらずきわめて近似したものとなっている。その理由は番組制作側の視聴率中心主義に求められるわけであるが、それも、特定の勢力による意図的管理・操作としての画一化ではなく、逆説的ではあるが、テレビのメディア特性としての「大衆浸透性」を生かすことが、結局は、不特定多数の受け手に等しく受け入れられるような番組企画へと誘導していくというメカニズムがあるように思われる。また、「受け手」もテレビが提供するメッセージに馴《な》れ親しみ、疑似体験を蓄積するうちに、より一層強い刺激を求めて「イベント主義的画一化(ビックリ、ドッキリ、プライバシーもの)」へ向かうのである。手の込んだことには、最近のCMにおけるごとく、「個性の重要性を主張するマス・マーケティング」といった逆説さえ生じている。テレビが人間の疑似体験空間を広げ、感性を解放し、多様な知性をもたらした一方で形成した画一的でしかも断片的な文化状況、それは、その状況の中にどっぷり身を浸して育ってきた戦後世代が共有する精神状況にもつながっている。

いま、さかんに論じられている「劇画」も、戦前の漫画と読み比べてみるならば、戦前の漫画がコマ漫画を主流とし、内容理解は読者の想像力・構想力に期待するものであったのに対し、ストーリーを画像で詳細に表現しつくすことによって、いわば「活字情報の映像化」とでもいうべき性格をもつ。したがって、テレビとの関連で考えるべきものであろう。

●自動車について

国産乗用車が売り出され、いわゆる「モータリゼーション」が進行したのは昭和三五年以降、すなわち一九六〇年代であった。昭和三五年の国内乗用車保有台数は四五・七万台、トラック、バスと合わせても二一七・六万台だったものが、一〇年後の昭和四五年には乗用車八七七・九万台、トラック、バスと合わせて一七八二・六万台へと八倍増を示している。その後も自動車の保有台数増加は続き、いまや、乗用車二一〇〇万台、自動車合計三五〇〇万台に達しており、乗用車普及率も五三％に至っている(昭和五三年)。

私自身の記憶の中にも、国産乗用車が身の回りに一台一台増えはじめ、それまでは半日がかりで汽車で行っていた隣町の病院へ、半時間足らずで行くことができるようになった興奮は強く残っている。「クルマ社会化」の進行によって日本人の生活は激変したといってもよい。

おおづかみにいえば、クルマは自由と欲望の解放をもたらす移動メディアとなった。一つには、空間的自由が拡大した。すなわち、一日の生活行動圏が徒歩での一五㎞、自転車での四〇㎞から一気に二〇〇㎞へと拡大し、しかも、クルマの中はあくまでも「私的な場」として個人の空間的自由の拡大を促した。たとえば、クルマによって日本人の性体験の様式が一変し、「性倫理」の変化に影響を与えてきたことは、かなりの程度実証されている。

また、時間的自由の拡大がもたらされ、移動に要する時間の短縮(スピード化)と従来のマス交通手段における時刻表的制約からの解放がもたらされた。さらには、「運転による可動性」に由来する支配感、クルマの色・型に表現された機能美を所有することの満足感は、戦後日本人の物的欲望充足の極致ともいうべきもので、クルマに対する若者の愛着は、戦後文化の大きな特色となっている。

一方で、交通地獄、クルマ公害に象徴される「自動車の社会的費用」が語られ、クルマによって解放された「自由と欲望」がじつは高速道路という軌条空間の中での限定された自由にすぎず、しかも、「メーカー」によって意図的につくられた欲望の充足にすぎないことが指摘されている。だが、それでもクルマは人間の心をとりこにして離さない。それほどまでに、クルマが日本人に与えた影響は大きく、とくに戦後世代は、クルマの便益に加え、自由と欲望解放メディアとしての魅力に取り囲まれて育った、世代としての「核質」を有している。その意味で、クルマは戦後近代化の魔性を内包した魅力の象徴という位置づけを与えられるべきものであろう。

●団地について

私が小学校低学年のころ、『アパートちゃん』という漫画が雑誌に載っていたことを思い出す。まだアパートなどという言葉が定着していないころで、コンクリートの文化的住宅に住む「都会の女の子」が主人公となって繰り広げるファミリー漫画であった。

昭和三〇年代以降の重化学工業を中心にした産業化は、農村から都市への労働人口移動を進め、急速に人口の都市集中をもたらした。人口一〇万人以上の都市に住む人口の全人口に占める比率は、昭和三〇年の三四・九%から昭和五〇年には五四・九%へと増大している。それにともなって住環境の整備という問題が重要になり、とくに、昭和三五年以降日本住宅公団などによる「団地」の建設、市街地の住空間の高層化が進展しはじめた。昭和二八年にはほとんど見当たらなかった「鉄骨・鉄筋コンクリート」を含む非木造の共同住宅は、昭和四八年時点で二七一万戸を数えており(総理府「住宅統計調査」による)、現在では五五〇万戸を超すと推定される。

団地および住宅の高層化が人間にもたらしたものは、何であったか。

第一に、それは人間生活の「個別化」である。団地は、増大する都市住民に効率的に独立した住宅を提供することを狙ったものという意味では、かつての「長屋」的な共同住宅と近似したものである。しかし、都市のアパート、マンションが「長屋」と異なるのは、きわめて閉鎖性が強いという点である。コンクリートで隔絶された空間として、個々の家庭は高度のプライバシーを確保できる反面、鉄のドアを閉めてしまえば、よほど積極的に関心を払わないかぎり、まったく近隣社会から隔絶した生活が可能なのである。すなわち、「カプセルの中の自由」として「クルマ」と同じように、個というものへ直面する機会の増大がもたらされる居住空間なのである。一歩、自分のカプセルを出れば都市過密社会があり、そこからくる疲労を癒す心情から、異常なまでに自分のカプセルへの感情移入がなされるともいえよう。高校生の意識調査などで、もっとも欲しいものに「自分の部屋」と「クルマ」が並ぶのは象徴的である。

第二に、「団地化」がもたらしたものは、過剰外部依存による変動への過敏性の増大であった。「団地化」にともない、水洗便所や家風呂が普及し、「便利で清潔な文化的生活」が多くの都市住民に与えられるようになったことも確かである。だが、その反面、多くの人に便益を提供するメカニズムは、集中管理方式の機械系、エネルギー供給系に依存せざるをえず、その構造は代替性が少ないだけに、都市住民をつねに潜在不安の中に置いているといえる。たとえば、一九七三年石油危機の際のトイレットペーパー・パニックがなぜ都市の団地で起こったかを考えるならば、団地における人間生活の「個別化」はけっして本質的な意味での「自立化」ではなく、むしろ個別のカプセル（住居）が、冷暖房、上下水道、煮炊きから食べ物まで何らの自立性もない過剰外部依存構造の中に組み込まれていることがわかる。突き詰めていえば、都市文明そのものがそうした性格をもつわけであるが、都市住民の「尻の下」は、表面的「自由」「便利さ」とは裏腹に明らかに不安定が内在している。

●核家族について

「都市化は核家族化を促す」といわれているが、狭く金のかかる住環境、農村のように大家族による共同作業を必要としない職業生活、自由で個人主義的な都市の雰囲気などが要因となって、都市を中心にした「核家族の増大」は戦後社会の大きな特色の一つとなった。

昭和三〇年に普通世帯の一世帯あたりの平均人員は四・九七人であったが、昭和五〇年には三・四四人となっており、普通世帯に占める「核家族」世帯（夫婦のみ、もしくは親と子供だけの世帯）の比率も増大を続け、昭和五〇年には六四・〇％を占めている。これに近年急増しつつある単身者世帯の比率一三・七％を合わせると、じつに普通世帯の七七・七％が核家族もしくは単身者世帯となっているのである。

核家族化は、その中に育った子供にとって、いかなる意味をもつのであろうか。それは、兄弟が少ないため生まれたときから両親を軸にした「大人の世界」に取り巻かれて育ったことを意味し、しかも、親の「豊かさ」と「余暇」の拡大によって、文字どおり専心、手塩にかけて育てられたことをも意味する。

五、六年前、東京近郊の団地の世論調査を担当した際、「子供たちがケンカをしなくなった」という教師の話を聞いた。それは「大人の世界」を特色づける「効率性の原則」が子供の世界に入り込み、「ケンカなんかしたってバカバカしい」といった大人の感覚を子供がいちはやく身につけてしまっている、ということなのである。また、事実、子供もますます忙しくなってきている。そしてその忙しさは、「塾」「お稽古」といった明確な目的に対する多忙であり、かつて子供の世界を特色づけた無目的な時間の浪費、「腕白遊び」とは異なるものである。

こうした環境下で、子供たちのあいだに真の友情が育つことはまれである。効率感覚を超えた無意識の自己犠牲なくしては、たとえ「仲間」は獲得しえても「親友」は獲得しえないからである。同世代との共有時間、共有空間がきわめて淡白に、合目的的に分断されていく環境の中で、戦後世代は孤独である。そうした環境に反発して形成されている戦後世代の連帯も、結局ディスコでの触れ合いに象徴されるように、他者の束の間の存在を確認し、さらに自己の内側に向かうための孤独なる祭宴にほかならない。

最近、受験生が騒音から邪魔されぬための「勉強部屋カプセル」なるユニット部屋が売りに出されかなりの売れ行きであると聞く。核家族というカプセルの内側にさらに自分のカプセルを置き、そのカプセルの中でヘッドホーンをしてひたすら音楽を聴くという姿は、「大人の世界」の合目的性に徹頭徹尾巻き込まれて育った世代が、そうした環境を拒絶することすら内側に向かうことによってしか表現できないという現実を象徴するものであろう。

●戦後民主教育について

戦後の急激な「社会的価値転換」によって教科書に墨を塗ることから始まった戦後教育は、昭和二二年の教育基本法によって「民主主義教育」の原則を宣言している。その第一条は、教育の目的として「教育は、人格の完成をめざし、平和的な国家及び社会の形成者として、真理と正義を愛し、個人の価値をたっとび、勤労と責任を重んじ、自主的精神に充ちた心身ともに健康な国民の育成を期して行われなければならない」ことを定めている。

戦後世代は、共通与件として戦後民主教育を受けて育ったのであり、それは、戦前の「教育勅語」を基軸にした教育とはさまざまな意味で異なる教育効果を戦後世代に与えたといえる。それは、私自身の体験の中で、二つの意味として残っている。

一つは、「歴史」と「価値」に対して、できるかぎり距離をとろうとする姿勢である。戦後教育においては、戦前から戦争にかけての歴史に関しては、戦争の悲惨な思い出を意識するあまり、歴史自体を倫理的に検討することを拒否するという姿勢がとられ、歴史を直視し、継続性の中で歴史を止揚しながら進むということはなされなかった。私の記憶の中で、教育の現場で、戦争を挟んだ日本現代史に関し、自分の思索と言葉で責任ある伝承をしようとした教師は、あまりにも少ない。

そうした中で、戦後世代は、一つの時代を支配する「社会的価値」なるものがいかに相対的なものであり、与件の変更によって「国家主義から民主主義へ」といかに巧妙に変化するものであるかを大人たちの生活態度に見てとり、社会的価値そのものを「胡散《うさん》臭いもの」として拒否し、冷笑することへと傾いていった。つまり、戦後民主教育の所産は、まずそれが何かを形成したからではなく、何ものも形成しえなかったことにおいて、相対感覚を戦後世代に残したのである。

二つは「平等主義」「平和主義」を選好する姿勢である。私が小学生の高学年のころ、在学した学校では、「級長その他各委員のバッジの廃止」が実施された。「特権的意識をもたせない」ための措置だとの説明があった。そのころから運動会も入賞賞品を出さなくなり、参加賞方式へと移りはじめた。「貧しきを憂えず、等しからざるを憂う」という価値が重視されていった。それは、「機会の平等」からさらに「結果の平等」を求める方向へと進み、所得、門地、家柄、性別、能力による「差別」を後退させると同時に、「区別」さえ不当なものとする土壌が形成されていったのである。

このように、区別のメルクマールが次々と不明確になっていく中で、すなわち、「平等化」の背後で、むしろ陰湿なかたちで「差をつける」という志向が生まれていったという面も忘れてはならない。平等化志向の戦後教育の「誰もが機会均等に教育が受けられる」という原則が、全般的富裕化を背景にしていつのまにか「誰もが高等教育を受ける」という現象を生み、激烈な「受験地獄」を現出し、友情を裏切っても何らかのかたちで「差をつけよう」とする傾向をもたらしているのである。いや、正確にいえば、「差をつける」ことさえ本人の主体的な意図ではなく、「○○を買って差をつけよう」といったＣＭに象徴されるようなファッションの一環としての行動であり、それほどまでに「平等化」という名の下での平準化、均質化、画一化が進んでいるのかもしれない。

「平和を愛す」ということも、戦後教育が志向した価値であった。教壇から、どれほど「平和」の意味が説かれたことだろうか。六〇年安保のころ、当時小学生だった私は、教員室に貼られたビラに「教え子を戦場に送らないために」というスローガンを見かけたし、教師は「戦争を再び起こさないためにストライキをして、戦争につながる安保条約に反対しているのだ」と説明していた。すなわち、平和は戦争（物理的暴力の行使）の対立概念として掲示され、「戦争のない状態をして平和とする」かのごとき位置づけが戦後平和教育の漠然たる主潮であった。

それゆえに、「戦争」の記憶が遠のくにつれて「平和」の影も薄くなっていった。「平和」は常識となり、日本の「平和」を意識するために、海の向こうの「ベトナム戦争」を対照しなければならない段階が、すでに六〇年代にやってきた。そして、ＰＥＡＣＥバッジが一つのファッションとなる状態を迎えたのである。「武器をとらなければ平和である」ということが明らかに虚構であり、物理的暴力を行使しなくてもより深刻な不条理が存在するのだという常識が日本の「大国化」の中で明らかになるにつれて、弱者の逃避的虚構のうちに形成されてきた「平和主義」は、またたくまにうす汚れていったのである。

「全共闘運動」での屈折

こうした五つの事象を貫き通す歴史エネルギー、それこそ「戦後近代化」であった。その「戦後近代化」の土壌に育った世代、とくにその先端を形成した終戦後のベビーブーム世代が社会参加を開始した時期（それは、ちょうど戦後近代化の成熟期とも重なった）に、新しい世代と社会構造の軋轢《あつれき》ともいうべき「鳴動」が生じた。それが、一九六八〜六九年における「全共闘運動」であった。この運動は、運動に参加した者、敵対した者、拒否した者、回避した者すべての同世代にとって、さらにはそれ以後に社会参加しはじめた世代にとって、たとえ無意識ではあっても、自らの社会的存在様式を決めさせる大きな契機となるものであった。

私自身が一人の学生として、むしろあの運動に敵対するかたちでの運動（当時の位置づけでいえば、「一般学生を糾合した秩序派」）を提起し、時を同じくしてキャンパスに存在していたことに由来する一切の感傷を排除して論を進めるにしても、全共闘運動のあり方そのものが戦後世代の内部構造の表現であること、そして、その発端から解体までの運動体験が戦後世代の社会的参与の様式に大きな影響を与えたことに気づくのである。

全共闘運動は、次の二つの点で、歴史的位置づけがなされるべきものである。

第一に、あの運動はいわゆる「政治運動」ではけっしてなかった。むしろ「政治」という「目的に対する手段の合理性、効率性を追求する権力闘争」を拒否する「非政治」もしくは

「反政治」的心情によって着火された「政治的運動」であった。たとえば、全共闘運動の指導者たちが運動の原理と主張していた「日本階級闘争の新たな展開」も、運動の内実を説明するうえで正確ではなかった。あの運動が、あれだけの広範な学生のエネルギーを吸収しえたのは、一つの政治目標を達成しようとする目的意識的運動だったからではない。戦後の政治・経済構造に由来する社会病理を「全否定」しようとする感性の世界での拒否反応だったからである。

全共闘運動はたしかに「反安保」「ベトナム反戦」「反体制」「反資本」などというスローガンを掲げてはいたが、それらのスローガンの空虚さは、運動の中にいたほとんどの学生大衆が予感していたものであった。生真面目な「建前」を掲げつつも、「建前」に生きることに対し決定的侮蔑と冷笑を投げかけるエネルギーが、運動の動力源であった。したがって、そこでは大人の政治主義的意図が溢れ出たものは、すべて汚らわしいものとして拒否された。「民青」(共産党系運動)がその「真面目で誠実」な問題提起にもかかわらずなぜか全共闘運動のように学生大衆のエネルギーを吸収しえなかったのも、そこに「大人に指導された運動」としての臭いが漂っていたからであった。この点が、社会党、総評などの指導下での「国民会議」方式をとった六〇年安保闘争との決定的な相違であった。

いま振り返ってみると、全共闘運動は、その政治的効率判断の欠落のために、政党、ジャーナリズムなどすべての現体制の構成主体が体制そのものを否定する勢力に対してだけは示す秩序維持機能の前に敗退し、現実に政治運動として残ったのはまさに指導体制の確立された政治集団たる「民青」系学生組織であり、革マル、中核などのセクト集団であった。すなわち、非政治的政治運動の限界をはっきり示すかたちで全共闘運動は敗退した。運動の大衆的エネルギーの停滞と政治的静穏、そして学生および青年一般の中にある政治的緊張感の拡散状況をもって「敗北」というならば……。

しかしながら、米国の六〇年代ラジカリズムを「勝利の敗北」(デフィート・イン・ビクトリー)と表現したS・M・リプセット(『朝日ジャーナル』一九七九年一月一九日号)に倣うならば、全共闘運動は「敗北の勝利」を収めつつあるといえる。これは言葉の遊びではない。静かに目をこらして見るならば、全共闘運動は、運動としての敗北にもかかわらず、今日の全般的政治状況を形成する嚆矢《こうし》としての意味を秘めていたことに気づくはずである。

その衝撃の現れはまず、六〇年代までの日本の政治基本枠であった「保守対革新」の座標軸を融解し、大衆に対する政党および前衛の位置づけの虚構を否定し、知識人、エリートの知識主義、綱領主義に幻滅を投げつけたことであった。厖大な「支持政党なし層」の噴出に象徴される既存の政治枠の流動化は、全共闘運動以降の世代によって急速に進展されたものである。

全共闘運動の運動としての敗北は、一方で、社会的テーマに対し失望と冷笑を身につけた内側に向かった人間を生み、他方で、日常性の中に運動の原理を引き受け、市民運動、住民運動、地域運動へとエネルギーを転換していった人間を生み、従前の「秩序枠」を徐々に融解させるに至ったのである。

たしかに、全共闘運動が提起しようとした「幻想共同体拒否」のエネルギーは、拒否して以後の方向性もないまま、かといって無限に拒否も続けられないまま、色褪せ、相対的ニヒリズムとなって、保守化の温床となりはじめてさえいる。だが、「変革の主体」となりえていなくとも、「状況の流動化（非政治的相対主義の招来）の契機」としての全共闘運動の位置づけに異論はあるまい。

第二に、全共闘運動の位置づけにおいて重要な点は、それが国際的な「六〇年代ラジカリズム」の文脈の中に存在するものであったということである。奇妙なほど期を同じくして、一九六七～六八年において米国ではＳＤＳ（民主社会学生同盟）を中心とするコロンビア大学、バークレー・カリフォルニア大学などでの紛争が起こり、西独では「マルクーゼ主義」に象徴される反体制運動、フランスでは「パリの五月危機」が生じた。こうした国際的同時性という「広がり」が生じたことには、少なくとも三つの要因があった。

一つは、六〇年代後半あたりから、先進工業社会の中に、「近代化」(工業化)に対する飽和感、閉塞感が生じ、「進歩・成長」に対して影が差しはじめたことである。すなわち、貿易、金融を通じた国際的相互依存の高度化にともなって未曽有の高度経済社会を実現した先進工業国は、成長の逆機能現象とでもいうべき公害、インフレ、都市の過密など新たな問題に直面しはじめ、「量的拡大と効率の追求」に対する疑問が芽生えてきた。そうした疑問を「近代化への先鋭的抗議」に昇華させたものが、「六〇年代ラジカリズム」であった。

二つ目の要因は、それまでの国際政治経済の枠組みを形成してきた「米ソ二大国」への失望が広範に生じたことである。その転機となったのが、米国のベトナムへの泥沼的介入強化(一九六五年「北爆」開始)であり、ソ連の「プラハの雪解け」への武力介入(一九六八年)であった。そのとき以来、両国は「政治・経済体制の理念型国家」としての正当性を失い、既存の世界秩序枠への不信と、自立への志向を広く生じせしめるに至ったのである。「第三世界論」「毛沢東主義」などが、熱っぽく語られた時代であった。

いま一つの要因は、「国際的な情報化の進展」である。日本においてテレビの衛星中継が実現したのは一九六三年のことであったが、その後、急速に国際的な情報伝達(電信、電話、国際交流)が活発化し、国際情勢が瞬時にして世界中の家庭に伝播されるようになった。ベトナム戦争といういわば「よその国の戦争」が、社会運動のテーマとして広く世界中で叫ばれるという事態も、歴史上かつてなかったことであり、「情報化の進展」なくしては考えられないことであった。

国際的な「六〇年代ラジカリズム」は、既存の秩序の虚構性を白日の下にさらけだすことによって「従前の権威を相対化させた」という点において、七〇年代における「スキャンダリズム」に象徴される政治変動の引き金となっていることに気づく。七〇年代における、米国のウォーターゲート事件、西独のブラント失脚、そして田中金脈、ロッキード事件といった先進諸国における指導者の失脚、権力基盤の動揺は、六〇年代ラジカリズムによる「権威の相対化」を伏線とした「権威の崩壊」現象にほかならない。そして、なぜ「権威を相対化」させたのかといえば、それが既存の政治的権力に対し別の権力構図を提示するような政治性をもたなかったからである。

非政治性によってのみ政治は相対化させうる。六〇年代ラジカリズムの中核にあった「非政治性」は、その運動をそれ以前のいかなる社会運動とも区別するものである。その意味で、「いちご白書」の命名の由来にもなったコロンビア大学のH・ディーン学部長の宣言「ある問題に関する学生の賛否の表示は、いちごにたいする好みの表示と同じようなもの」は、六〇年代ラジカリズムの性格を従前の価値から表現してみせた典型的事例といえよう。日本でも、全共闘運動に対し「豊かさを前提とした甘ったれた運動」という評価が「識者」のあいだで提起されてきた。しかし、見失ってならないのは、バナナではなく「ぼくはいちごが好きだ」ということが一つの主張となりうる時代局面を迎えたという事実である。「いちごが好きだ」にたとえられるような、自分の価値を既存の社会的価値よりも大切にし、そのことを明らかにすることによって、初めて既存の価値の虚構に対し「王様は裸だ」と言い切ることができたのである。

日本の戦後世代も、経済成長と富裕化を背景にした大学進学者の急増（大学の大衆化）という状況において、「甘え」といえば「甘え」ともいえる政治的構想をもたない「拒否の運動」を提起し、それが高揚、沈滞していくサイクルの中で、一つのことを学びとった。それは、国家および社会の中に存在する権力構造が、いかに空虚なものであり、非人間的なものとなりやすいかの確認である。そこに、国家および社会的テーマ、さらには集団、組織における集権、管理に対し、可能なかぎり距離をとり、自らの内なる価値へと突き進んでいこうとする戦後世代の態度が形成されていったのである。

3　戦後世代の実像――その存在様式と性格

戦後世代の生活実体――都市新中間層として

「僕って何？」……新世代作家といわれる三田誠広の小説での問いかけは、ジェームズ・クネンの『いちご白書』（青木日出夫訳、角川文庫、一九七一年）での問いかけでもあった。自分のアイデンティティをいかなる組織・集団・権威にも見出しえず、それゆえにそうした問いかけを続けねばならないこと自体が、きわめて戦後世代的な問題の立て方なのであろう。そして私も、自らを映す鏡をのぞき込むように、戦後世代の実像を問い詰めてみたい。

すでに論じてきたような要因によって規定されてきた戦後世代は、いま、どこでどのように生活をしているのであろうか。そのことは、戦後世代の歴史的形成要因の帰結を確認し、将来に対して戦後世代が果たす役割を展望するうえで重大である。未来はじつに現在の中に萌芽しているのである。その意味で、戦後世代の現在の生活を規定している二つの社会経済的特色に注目しなければなるまい。

一つは、戦後世代の多くが「都市」という空間の中で生活をしており、都市文化の形成主体となっていることであり、他の一つは、社会参加しはじめた戦後世代の多くが、「新中間層」といわれる職業階層(直接生産ではなく、分配・調整・管理・サービスなどの間接生産労働に従事する事務職・専門職・管理職・技術職者)に帰属していることである。

昭和五〇年現在、人口一〇万以上の都市に居住する人口は総人口の五四・九％を占め、全国的な「都市化」の進展が見られるが、この時点での戦後世代(約五五〇〇万人)の中で一五歳の就業年齢に達した者は約二八〇〇万人であり、そのうち人口一〇万人以上の都市に居住する者は約六五％と、とくに若者の都市集中が顕著である。そのことは、大都市になるほど人口の年齢別構成の戦後世代化が進んでいることからも逆証明でき、全国就業年齢人口に占める戦後世代の比重が三六・七％であるのに対し、たとえば東京の就業年齢人口の四二・四％が戦後世代という数字になっているのである。産業・経済・文化・教育の諸機能を「都市」という場に集約するかたちで進行してきた戦後近代化が、都市に戦後世代を吸引し、戦後世代によって都市文化の様式が決定されるという構図が招来されるに至っている。

また、戦後世代の多くが、高度成長以降の産業構造変化を背景にして、一般に「ホワイトカラー」といわれるような間接生産労働に職業生活の基盤を置いているという事実も重要である。戦後世代が就業者人口に参入しはじめたのは、昭和三五年以降であるが、昭和二五年には五〇・六％が農業等の第一次産業への就労者によって占められていたわが国の就業人口構造は、この時点から急速に進展した産業構造の高度化（重化学工業化とサービス経済化）により、昭和五二年には、第一次産業就業者一二・三％、第二次産業三四・九％、第三次産業五二・八％となっている。

こうした産業分類別の就業構造の激変からも傍証されるように、日本人の職業生活は大きく変化してきたわけであるが、とくに具体的な仕事の内容から考えた場合、事務、技術、管理関係および販売・サービス関係の職業の従事者が増えており、昭和五〇年時点で全就業者の四三・一％、戦後世代就業者のじつに五三・〇％を占めるに至っている。「虚業」という言葉があるが、農本主義経済・鉱工業経済的視点からすれば、「モノをつくらない虚業」ともいえる職業に従事している者が若者の過半数を占める状況を迎えているのである。

さらに、一時代前と比べて驚くべきことは、かつては生業として成立しなかったような多様な職業生活が可能になっているという現実である。グラフィックデザイナー、イラストレーター、インテリアデザイナーなどはすでに耳慣れた職業になっているし、食えないものと相場の決まっていた「文士」も、小説の分野にかぎらず、ルポライター、コピーライターなどへと土俵を広げ、プロが存在するスポーツも野球、相撲に加え、ゴルフ、テニス、ボーリング、スキー、スケートなどへと拡大され、さらに、音楽でも「楽器なんかいじくって何で食っていくんだ」というのが頑固親父の口上だったものが、アーチストなどと呼ばれ、楽器で食っている人間が増えているのである。

つまり、多くの戦後世代の職業生活基盤は、眼に見えない価値を創出したり、分配、調整、サービスすることをもって形成されている。ここに「モノの生産労働者」とも異なり、しかも資産家、資本家などの上階層者、さらに中小企業主などの旧中間層とも異なる価値観をもった職業階層が形成されているのである。

これら新中間層のもつ価値観の根底にあるものは、生産の対象には「モノ」以外のものがあり、生産要素としての労働力には、物理的労働力以外に、情報、技術、ノウハウなどの要素が重要であるという認識である。そこに従前の左翼が嘆く新中間層における「階級意識の後退」の源泉があり、かつ、自分たちの利害を代弁する存在のない現在の体制およびすべての政治勢力に対して新中間層のもつ違和感の源泉があるといえる(「新中間層型社会」に関しては、拙稿「中道型統合の無気味な性格」『中央公論』一九七八年七月号に詳論した)。

ここでわれわれは、戦後世代の生活実体を透視することから、「戦後世代＝都市住民＝新中間層」の太い相関軸を見つめねばなるまい。むろん、この軸に入らない者も多数存在する。しかしながら、「農村の都市化」が進展してどんな地方都市にもディスコが存在し、Uターンを通じて都市型文明の移入が進む一方、「都市の中での農村化」ともいうべき東京の盆踊りブームが存在するという具合に、いわゆる「全国的な均質化、近代化状況」が形成されており、総体として「戦後世代＝都市住民＝新中間層」が、一つのうねりとして、現代社会構造の主体となりつつあるといってよかろう。

「受ける」ことと「のる」こと――戦後世代の性格表現

老人および大人たちから見て青年に覇気がないと思うのは、いかなる時代にも共通した現象らしい。太平洋戦争直前の昭和一六年一月号の『文藝春秋』は、「輿論調査、国民はかう思ふ」という記事を掲載し、「今日の青年に覇気あると思ふか」という設問をしているが、それに対する回答者（六八五名）の七三％が「覇気なし」と答えている。とくに、当時の三一歳以上の明治以前世代からの回答においては、「青年に覇気なし」との答えが七八％を占めているのである。

老人が若者に覇気を感じないのが時代を超えた現象であるにせよ、一つの傾向として、「近代化」の達成過程を通じて青年にある種の冷笑的性格が生じてくることも事実のようである。

たとえば、Ｂ・ラッセルは、一九二九年に書いた「青年の冷笑」という論文において、西欧諸国の知識階級の青年が次第に冷笑的になっていることを指摘し、当時のロシア、インド、中国、日本などと対比し、西欧の青年が宗教、国家、進歩、美、真理などといった「昔の理想」に熱情を奮い起こさなくなった構造に論及している。彼は、「文明の成熟感」を背景に、青年が次第に「悪ずれ」していきつつあることを捉え、その冷笑的態度が直るためには「知識階級が自分たちの創造的衝動を具体的に実現する生涯を見出すこと」と主張しているが、近代化が人間の内面に与える影響を鋭く見抜いたものであろう。

日本においても、戦後近代化が到達段階を迎えた一九七〇年前後において、青年に関し「三無主義」(無気力、無関心、無感動)などという捉え方が提起され、「しらけ現象」が問われたことがある。現在は、「熱中時代」などという表現が流行し、青年の自己目的的燃焼が語られている。「しらけ」から「熱中」へというあいだに何か基本的な変化が生じたのかというと、答えは否である。むしろ「しらけ」と「熱中」を結ぶものに、戦後世代、とくに昭和二〇年代世代から三〇年代世代にかけての戦後から戦無への世代的特色の深化があるといえるのである。すなわち、何に関し「しらけ」、何に関し「熱中」するのかを注視するならば、社会的テーマに関し「しらけ」個人的テーマに関し「熱中する」という傾向が、戦後世代化の中で強く進展していることに気づくのである。

戦後世代の性格を解析し、総括的に語るならば、「感性的個人主義」(やさしいミーイズム)という評価が妥当であろう。感性的という意味は、この世代が圧倒的な抑圧や不条理を体感することなく、豊かさと余暇との中でテレビ、クルマなどのメディアに取り囲まれて育ってきただけに、感性における多様性を成熟させているという意味である。スポーツへの関わりを例にとっても、戦後世代も年代が下がるにつれて、かつての野球、相撲くらいしか楽しまなかった世代からすれば、サッカー、テニス、サーフィン、スケートボード、ローラースケート、フリスビーと、びっくりするほど多様なスポーツを楽しむようになっている。また、音楽についても、幼年期からテレビ、ラジオに触れ、オーディオ時代に育ってきただけに、鋭い鑑賞能力をもち、ソウル、ロック、ポップスから歌謡曲まで、音楽へのコミットメントは大変なものである。

かつては経済的・時間的制約の中で抑え込まざるをえなかった部分としての「感性」の解放が進み、「踊れて、歌えて、楽器がひけて、映像とスポーツを楽しむ」ことが当たり前のこととなった世代が、職場に、キャンパスに登場してきた。これらの世代はフィーリングを重んじ、相互の個性・多様性を認め合って、他人を傷つけることや憎むことも好まない。何か、さらりとして、清潔で洗練されていて、やさしいのである。「競争」という言葉が好まれず、会話の中で頻繁に使われる言葉は「わりと……」「まあまあ」「ほどほど」といった物事を相対化する表現である。

次に、戦後世代の「個人主義」ということであるが、これを「全体に対し個の尊厳をもって対峙する」という意味での緊張した主体主義と考えるのは正しくないであろう。戦後世代の個人主義は、むしろ「およそ共同体というものに属したり、そのために心身を動かすことの拒否」としての「ミーイズム」であり、良い意味でも、悪い意味でも、個を基点にした思考様式がこの世代の性格を貫いているということである。

すでに論及したように、テレビなどマスメディアを通じた情報渦の中での疑似体験の蓄積、およびクルマ、団地、核家族、戦後民主教育などの戦後近代化状況の中で、戦後世代は驚くほど早熟な自我の芽生えを生じさせている。「修学旅行でパンツをはいて風呂に入る小学生」「相互不干渉に徹した中高校生」などという最近の報告を読んだり、「チビッコのど自慢」などのテレビ番組で大人を模倣した早熟で自意識肥大症的な少年、幼年を見るにつけても、分断された個の寂しさと開き直った自己主張の空しさを思わざるをえない。

感性と個に特化した世代ということは、裏返していえば、論理性と公共性が稀薄になった世代という位置づけも可能である。すなわち、思想・哲学・宗教・倫理などといった従前の人間の生き方を規定していた原理・原則・論理にこだわり、物事を突き詰めて考えるような姿勢は、戦後世代の中には次第に見られなくなっている。

しかも、それは日本の戦後世代においてとくに顕著な傾向であることを注目しなければならない。たとえば世界青年意識調査結果(参照：総理府青少年対策本部編「世界青年意識調査結果報告書」一九七八年七月)を見ても、世界各国の同世代の青年に比べて、日本の青年が際立って自らの帰属する社会および国家に対し否定的、静観的であり、宗教などの中心概念をもたない存在であることが、はっきりと現れている(参照、注)。すなわち、自己の魂をつなぐ係留点もないまま、唯一信じられる自分の感性に則って生きているのが、日本の戦後世代の現状なのである。

〔注〕世界青年意識調査は、一九七七年から七八年にかけて一一カ国(日、米、英、西独、仏、スイス、スウェーデン、オーストラリア、インド、フィリピン、ブラジル)の一八~二四歳の青年を対象に、同一の設問を準備して意識調査を行なったものであり、その結果の中で、本稿との関係においてとくに以下の点を注目したい。

①社会に対する満足度(「満足」もしくは「ヤヤ満足」と答えた者の比率)は、三五%とフランスと並び、日本が各国中、もっとも低い水準にある。(米国六〇%、西独七九%、インド五六%、ブラジル七〇%)

②自分の利益を犠牲にしても日本（国）のために役立ちたいとする者の比率は、日本がもっとも低く、九％にすぎない。（米国五四％、英国二二％、西独一四％、インド七一％、ブラジル四八％）

③「信仰はもっていない」者の比率では、日本がもっとも高く、七一％となっている。（米国一〇％、英国一四％、西独五％、フランス四一％、ブラジル一二％）

戦後世代による表現といわれるものに、音楽における「ニューミュージック」、文学における「新世代文学」などがある。戦後世代の創造力がまずこれらの芸術的想像力を求められる分野（メディア）から現れはじめたこと自体が注視されるべき点であるが、それ以上にここで表現されているメッセージの内容が検討されるべきであろう。戦後世代の多くに支持を得ていることれらのメッセージに共通したものがあるとすれば、「やさしく個別の世界にしっかりと沈潜している」ということであり、まさに「やさしいミーイズム」を象徴するメッセージとなっていることである。

たとえば音楽を例にとってみても、七〇年代初めにはアングラ、反戦などの名を冠し、マイナーな存在だったフォークロックが、メジャーへと転身し、「ニューミュージック」という曖昧なカテゴリーの中でさまざまな音楽的要素が混ぜ合わされ、「もはや若者の音楽にカテゴリーは存在しない」といわれる段階に至ったわけであるが、「政治の季節」の終焉の中で、若者音楽のメッセージは、個人のやさしい心情のつぶやきへと変わっていった。

吉田拓郎が「僕の髪が肩までのびて　君と同じになったら　約束どおり町の教会で　結婚しようよ」（吉田拓郎、作詞・作曲『結婚しようよ』）と歌い、井上陽水が「テレビでは我が国の将来の問題を　誰かが深刻な顔をしてしゃべってる　だけども問題は今日の雨傘がない　行かなくちゃ君に逢いに行かなくちゃ　君の家に行かなくちゃ」（井上陽水、作詞・作曲『傘がない』）と歌い、戦後世代の内なる世界を描き出したニューミュージックは、かぐや姫の『神田川』（「貴方はもう忘れたかしら　赤い手拭マフラーにして　二人で行った横町の風呂屋　一緒に出ようねって言ったのに　いつも私が待たされた　洗い髪が芯まで冷えて　小さな石鹸カタカタ鳴った」喜多条忠作詞、南こうせつ作曲）、『22才の別れ』『なごり雪』に至って一段と私小説的色彩を強めてきた。

私自身は、アリスの音楽が好きであるが、世良公則&ツイスト、サザンオールスターズ、ゴダイゴにおいては、メッセージ自体は「英語まじりでとくに意味のない響きのいいフレーズ」になっていき、むしろ「音」として新しさを主張するものになってきているような気がしてならない。松任谷由実、中島みゆきなどの女性シンガーソングライターの音楽も、ほとんどすべて恋愛をテーマにしつつ、メッセージというよりも、イージーリスニング、聞きごこちがよくて、耳ざわりがよいサラッとしたＢＧＭ（バックグラウンド・ミュージック）的な「イメージを純化した音楽」になっているといえる。

一九八〇年元旦の『朝日新聞』は、若者特集としていま大いに売れているさだまさしをとりあげていたが、その中で社会心理学者の南博が、さだの音楽を「閉鎖的小市民の感情……」と評していたのは興味深い。たしかに、さだにかぎらず、ニューミュージックが描き出している世界は、重苦しく厳しい生活から距離をとり、恋愛を中心テーマにすえて、やさしさをストレートに表現するものになってきた。これが旧世代的感覚からは違和感(面映ゆさ)をもたれるであろう。さだの『関白宣言』にしても『親父の一番長い日』にしても、かつては心に思ってもそれを口にはできない、もしくは口にしないような「やさしさ」を、照れもなく素直に表現してしまうのである。

「しなやかなやさしさ」というのが戦後世代の表現に共通した「核質」であるといわれるが、三田誠広、村上龍、高橋三千綱等の新世代文学にも、また沢木耕太郎の一連のルポルタージュにも、イデオロギーや原理・原則なるものに埋没することなく、生身の人間の個別の内面を共感を込めて見つめ、けっして「一般解」に求めず「特殊解」に生きようとする志向性が強く現れている。それが「感性的個人主義の限界」として、それ以前の世代からは苛立ちを込めて指摘されるところのものである。

しかしながら、戦後世代の中心概念のない感性的個人主義を嘆くことはできないであろう。感性の解放を人間の個別化によって実現してきた戦後近代化(テレビ、クルマ、団地、核家族、戦後民主教育)の中に育ち、全体性と中心性を標榜した思想・イデオロギー・宗教が威信も尊厳も捨てて崩れていくことを目撃した世代に、自己の内なる世界以外にいったい何を信じろといえるのであろうか。戦後日本の「革新」の論理を代表してきた一人ともいえる日高六郎が、七〇年代最後の年に生じた中越戦争を踏まえ、戦後革新の理念型でもあった社会主義中国および解放ベトナムの変容に対し心に去来する相対主義の無限連鎖の中で「……にもかかわらず」と苦悩する姿(「にもかかわらず……——インドシナ動乱に想う」『世界』一九七九年五月号)は、そのまま「革新」の理念さえ地におとしめられていく時代への誠実なるがゆえの焦燥を象徴するものといえるであろう。

戦後世代自身も、心奥において、感性と個に生きざるをえぬ状況を喜んでも誇ってもいない。むしろ、かぎりない個への分断の中で、自らをつなぎとめる何ものもないまま、現代生活の喧《けん》躁《そう》へと追いやられている自分に、狭苦しいカゴの中で小さな車をまわしつづけるハツカネズミを見るがごとき空漠(寂しさ)を直観しているのである。それゆえに、多くの一般的戦後世代の日常的行動形態は、徹底的に個を貫く強い個人主義を思わせるものではなく、痛々しいほどに、自らの置かれた状況に対し過剰適応を示している。

戦後世代の行動形態を貫く価値基準を若干誇張して描出するならば、それは「受ける」ことと「のる」ことであろう。いま、若者がつき動かされたように行動に向かうとき、必ずといってよいほど登場してくるのが、「バカ受けに受けた」という具合に友人や集団の中で注目されることを大切にする価値基準であり、「今日は大いにのりまくった」という具合に、気持ちが入って調子よくいくことを示す価値基準である。

この二つの基準は、他者を意識した行動という意味においては表裏一体であり、「雰囲気にのって、その場で受ける」ことをもって感性的にいま置かれている状況に没入しようというものである。しかも、「のる」行動の対象がいかに虚構に満ちたものであっても、それを「虚構と知りつつ楽しむ」のである。ディスコに群がる青年の熱気や、一時期のインベーダーゲームへの熱中も、「虚構を虚構として楽しむ」世代感覚に支えられたものである。多くの一般的戦後世代は内なる「さみしさ」を「やさしさ」に転化し、精いっぱい他者に気を配りながら、「のる」と「しらける」のあいだを行き来しているのである。

こうした戦後世代の性格、心理構造を社会的に投影するとき、それは世の中における「ゲームのルール」を大きく変えつつある。おそらく戦後世代は、「やさしいミーイズム」をもって生きることができる日本人としての最初の世代なのであろう。革命でも反抗でもない世代、そして経済モノカルチャーでも反体制でもない世代。ここでのゲームのルールは、かつての「経済成長」という単一目標の極大達成ではなく、複数目標の最適達成を求めること、あるいは、目標概念すら昇華させ、多様な文化性と例の「しなやかなやさしさ」をもって生きることになりつつある。戦後世代は、かつての青年が抵抗感をもって対峙した商業主義すらあっさりとのみ込むしたたかさをもって、無意識のうちに社会全般の規模・制度枠を流動化させていきつつあることは間違いないのであり、良い意味でも悪い意味でも、ここに新しい社会を生きる人間像への一つのイメージがあるといえよう。

4 戦後世代に問われるべきこと

時代創造への三つの疑問

「ゲームのルール」が変わり、あふれる物質的豊かさの中で、やさしいミーイズム世代が社会を形成しつつある。明らかに八〇年代の主役は戦後世代なのだ。

だが、戦後世代がいかなる八〇年代を創り上げるのかについては、重苦しい疑問が生ぜざるをえない。戦後を受動してきた世代が、戦後を主体的に問うことによって、なぜ今日に至ったのかはある程度解明できるにせよ、「これからどうするのか」となると大きな疑問に行き当たらざるをえないのである。たしかに、個人的なライフスタイルにおける自己完結を求めるかぎりにおいては、一応明確な展望をもちうるかもしれない。しかし、自分たちが形成する社会像の構想となると、戦後世代は何一つ解答を示していないといっても過言ではあるまい。

第一の疑問は、そうした意味で、戦後世代にいかなる創造力があるのかという疑問である。私自身の世代的偏見かもしれないが、父の世代に代表される戦前生まれの中高年は、一般に生活の臭いが強く、薄汚く、ケチである。そして、「あるべき社会のイメージ」について、けっして体系性と論理的緻密性はないにもせよ、かたくななまでの見解がある。しかしながら、「戦後近代化」という内面的自立が許容されうる環境の中で育ってきた戦後世代には、個人の生き方においての「洗練された多様性」にもかかわらず、社会的構想に関する明確な主張は皆無といってよいほど存在しない。むしろ、社会的テーマ、生活のテーマを可能なかぎり拒否し、忌避するところに自らの存在証明を見出すかのように、個人的世界を回遊しているのみである。

第二の疑問は、戦後世代の「やさしさ」と、その上に形成されている協調と連帯は本物なのか、ということである。戦後世代の行動表現における共通性ともいえる「やさしさ」は、真に自分を省察し、他者、そして人間への思いやりをはらむものなのであろうか。もし、それらが「恵まれた自分」を前提としてのみ他者に向けられる寛容にすぎないならば、また、自らの虚弱性ゆえの他者への期待にすぎないものならば、それによって形成される人間関係はけっして実り多いものとはならないであろう。それは、単なる虚構の連帯にすぎないからである。

　第三の疑問は、戦後世代は自らの思考や主張をより一層明確に説明する努力をするべきではないか、という点である。中島梓は「おとなはマンガを読まないで」と題し、「マンガはマンガであり、それ以上でも、それ以下のものでもない」と述べる(『中央公論』一九七八年一一月号)ことによって、新しい戦後世代の文化状況を提示し、その上の世代を煙にまいた。また、「マンガ論争!」(『別冊宝島』13、一九七九年)を見ても、戦後文化の特色とされるマンガについて、そこに新しい何かが表象されているらしいことは再三いわれているが、そのマンガを受容し、隆盛させた世代からの説明はない。

　川本三郎は「マンガというのはそれ自体がマイナーなメディアだから、マンガ・ファンの心理としては病的なまでに閉鎖的になってくる。……マンガに関する若い世代の発言を見ると、必ず出てくるパターンは『あの野郎にマンガがわかってたまるか』といういじらしいほどのからみであり、マンガについてわかっているのはオレだけだという可愛らしいほどのいきまき、突っ張りである。……私自身は、こういうからみは上昇志向のいじけた逆表現と思っているが、マンガの良さとは、こういう病的なまでの自閉的なファンを作ってしまうマイナー性にあるのだろう」(『思想の科学』一九七八年九月号)と語る。ここに、戦後世代の自己意識におけるマイナー性(非社会性)が的確に表現されていると思われる。

だが、戦後世代自身の問題として考えた場合、自らの存在基盤のマイナー性に開き直り、「所詮、体験も年齢も違う世代を超えた相互理解は不可能なのだ」といって自己説明を放棄していくことは、自らの世代が創り上げようとする時代に対する挙証責任を放棄することになるのではないだろうか。そうした態度は、幼児のセンスであり、他人のカードはのぞくがけっして自らのカードを見せようとしない「甘え」の構造ともいうべきもののような気がしてならない。

ここでの疑問を集約するならば、「戦後世代は八〇年代を創造できるのか」ということになろう。すべてのイデオロギーとドグマを拒否した「やさしいミーイズム」の世代にとって社会変革はありえず、あるのは状況の流動化である。メリハリのない「安定状況」が、滅びの前の明るさのようになんとなく継続するというのが、もっとも蓋然性の高い八〇年代の社会シナリオなのかもしれない。しかし、ここに厳然たる歴史の経験則が存在する。それは、個別の「やさしさ」の積み上げが総体としてやさしい時代をつくるわけではなく、やはり、社会的構想力および政治的意思が求められるということである。しかも、八〇年代に予想される環境は、戦後世代の生活基盤における潜在不安定性をさらに深化させるものである。資源・エネルギー・環境・分配・防衛などの諸問題における危機的状況を迎えることによって、追い詰められて社会的テーマに回帰するのか、それとも主体的に社会的テーマに立ち向かうのか、戦後世代は、いま、重要な地点にさしかかりつつある。

戦後世代にとっての「坂の上の雲」——批判的知性から創造的知性へ

一つの世代には、必ず一つの世代的テーマがある。司馬遼太郎の『坂の上の雲』(文藝春秋)での秋山兄弟のように、明治期日本の国家目標との一体感の中で、「対露戦」をテーマにひたすら生き抜いた世代もあった。日本に騎兵を育て、コサック騎兵と戦った秋山好古が、老いた死の床で最期の言葉として「奉天へ!」と叫んだ時代は、ある意味では、青年にとって幸福で明快な時代だったかもしれない。そして、自分が選択する以前の与件としてのテーマが確実に青年の生き方を規定していた時代が、ついこのあいだまで存在していた。「貧困からの脱却」でも、「経済成長の達成」でも、「企業発展」でも、国家・社会・帰属組織の目標がそのまま個人の目標となってその時代の青年を駆り立てていったのである。

しかしながら、現代において青年が何をもって自分を駆り立てていくのかは、きわめて深刻な問いである。かつての日本人が、自分一人ではどうすることもできない貧困・苦役・抑圧・恐怖・不条理の中で「いまにきっとこんな時代もくるだろう」と夢に描いた状況は、科学文明の思想と産業化、そして政治的自由というかたちで、すでに大部分が実現されてしまっている。時代への感受性においてもっとも敏感なはずの文学においてさえ、高野庸一が「状況という『他者』との相克によって生まれる文学は死んだ。無媒介的に世界と対決する文学が要求されている」(「遙かなる美の国」『流動』一九七九年八月号)と語らねばならないように、否応なしに青年を規定するような時代のテーマは深く沈潜して取り組みを困難たらしめている。

しかし、いま、この時代の青年に「世代のテーマ」が存在しえないのかといえば、けっしてそうではない。目をそらさず直視するならば、戦後世代には避けることのできない世代のテーマが、厳然と存在していることに気づかざるをえない。それは、約言すれば、「近代化」以後の社会構想を具体的なかたちで求めることである。たとえば政治的テーマに関していえば、「国家」を止揚し「個」を基軸にした社会構想をいかに現実たらしめるかというテーマが存在している。

このテーマは、感性的個人主義をもって存在様式とする戦後世代が、その存在様式の正当性にかけて答えなければならない問題である。すなわち、代議制民主主義が、一国の首相が汚職容疑で逮捕され、職業政治家の矮小化が決定的段階を迎える中で、さらには、これまでの繁栄基盤であった資源・エネルギーの潜在不安が高まる中で、確実に進行している行政機構による「高度管理社会」の招来に対し、いかにして「個」を基軸にした社会構想を貫き通しうるのかという問題なのである。皮肉なことに、戦後世代は、個人の生活に政治が入り込むことを嫌うわりには、「福祉化」の名の下での行政サービスの拡大、および「危機管理」の名の下での「経済の計画化」を期待・支持する矛盾した傾向を有し、それが官僚統制型の管理国家を黙認する結果をもたらしつつあるのである。

従来の保守と革新のメルクマールであった「安保・反安保」「資本主義・社会主義」という対立軸が形骸化・流動化したいま、戦後世代は、政治体制の中に個をいかに生かすかを新しい革新の座標に掲げて、本格的に思考・行動を始めねばならないはずである。具体的な論点は二つある。

一つは、国家に期待することではなく、国家が踏み込むべきでない領域の線引きである。もちろん、思想・信条・表現の自由に関し、たとえ特定の価値観からすれば「頽廃《たいはい》」の域に属することであっても国家による規制の外のものとして最大限に確保することも大切であるが、むしろ、国家による個人の救済、および便益の供与に対して、厳しい禁欲をもって線引きすることが重要となる。

福祉化志向の風潮の中で、国家による個人への便益の供与に期待が高まっているが、便益の供与はそのまま官僚機構の肥大化と管理メカニズムの高度化をもたらし、結果として個人の尊厳という真の福祉を脅かすものとなる可能性が高い。政治が国家の名によって行なうべき個人への救済、および便益に対しては、むしろ個人の側から明確な限界を設定する決意が必要となるのである。

たしかに、世の中には、本人が責任を問われるべきではない不条理によって苦しむ人が存在しており、たとえば病気に苦しむ人の負担の救済、すべての子供の平等な教育権の確保は、まさに国家および政治の責務である。しかし、本人が自らの責任において苦しむこと、たとえば努力の結果によって生ずる分配の格差、機会の平等の結果もたらされるゴールの不平等に関しては、国家が踏み出してくる前に個人の側が厳しい拒否の姿勢を貫くのでなければ、息苦しい官製管理国家を回避するエネルギーは生まれえないであろう。

私がいいたいのは、「福祉社会」を責任の散逸した「ぬるま湯社会」とせず、活力ある責任社会とするには、強い個人の意思とそれを尊重するシステムが必要だということである。現行の年金制度を前提とした静態試算によっても、年金給付費(国民年金・厚生年金・船員保険・共済組合・福祉年金)の対国民所得比は一九七七年の三・一%から九〇年には六・二%、二〇〇〇年には九・七%に達するといわれる(「年金制度基本構想懇談会中間意見」)。これらの財源は「後代負担」ということで、将来時点で税負担をする世代に「ツケをまわす」制度になっているが、まさにそれを負担することになる戦後世代に、「福祉社会」に関する力強い構想と意思があるかといえば、「否」といわざるをえないのである。

突き詰めていえば、「福祉」の本質は金ではない。年金や医療や老人ホームをいくら充実させたとしても、たとえば「誰が寝たきり老人の世話をするのか」という現実の役務の問題が残るのである。「高福祉社会」が一部の福祉事業従事者に肉体的・精神的苦痛を肩代わりしてもらい、後の人たちは「金を負担する」ことで片づけるような社会ともなりかねないのである。したがって、もし本気で「福祉大国」を志向するならば、高等学校、大学での教育課程に福祉施設等での実習を義務づけるなどの構想を導入する、国民的取り組みの決意が問われるのである。

代議制民主主義に代わる政治体制を

他の一つの政治的テーマは、代議制民主主義に代わる新しい政治的意思決定システムの模索である。たとえば、職業政治家が日本の社会的意思決定に本当に必要なのであろうか。また、社会構造変化に取り残され、真の政策立案能力もなく、政党間の主張の差異さえ不鮮明となってきた政党なるものが、不可欠の政治集団なのであろうか。さらに、マスメディアと通信手段の発達の中で、より徹底した直接民主制(たとえば、首相公選制、国民投票制など)が技術的に可能となってきているのではないか。地方分権による国権の下放により、分権と集権のバランスをとるべきではないか。これらの点に関し、明らかに新しい時代認識に裏づけられた構想が求められているのである。

数年前になるが、東京に生活する仲間とともに、大分県の湯布院、熊本県の天草を何度か訪れ、地域社会運動、有機農業運動などを展開している青年たちと討論会をもったことがある。そこで驚いたことは、青年海外協力隊の体験を有する青年、イスラエルの「キブツ」や中国の「人民公社」を見学に行き地域共同体社会の新しいあり方を共同研究している青年、地域情報誌を粘り強く発刊している青年など、東京にいるわれわれよりもはるかに鋭い問題意識を、自分たちの地域社会に向けている若者たちがたくさんいるという事実であった。こうした地方人の力が、試行錯誤を経て、たとえば「九州自治州構想」（あすの西日本を考える三〇人委員会『九州自治州への提言』西日本新聞社、一九七二年）などに収斂され、社会的意思決定システムに関する新しい代替案となって浮上することを予感するものである。

なんとなく形成され、しかも根強く存在している既存のヒエラルヒー型の社会的意思決定システムに代わるものが戦後世代に強く求められているわけであるが、より日常的な局面においては、帰属組織への過剰依存の脱却（年功序列、終身雇用的甘えの主体的排除）と集団無責任的な意思決定システムの克服などが、世代の課題として重要になるであろう。

次に、経済的テーマに関していえば、「豊かさ」以後の経済体系をいかに創造するかという課題が存在する。すでに戦後世代の多くが産業の現場で担当している仕事の多くも、日本が繁栄と豊かさを維持し、しかも新しい産業活力を付加するにはどうしたらよいかというテーマに連なるものである。これは、一直線の経済成長を実現することよりも困難なテーマである。資源・エネルギーなどの制約条件悪化の中で、総じて重苦しい展望が日本産業の進路に投げかけられているが、戦後世代に与えられた課題は、まさにその制約条件を解きほぐしながら、新たな成長と質的充足を並存させる経済体系を工夫していくという目標に挑戦していくことにほかならない。

具体的には、次のような視点が重要になるであろう。たとえば、エネルギー問題に対しても、いつまでも化石燃料の供給不安定に脅えるのではなく、日本の国土に無限にある再生可能エネルギー(太陽光、太陽熱、風力、波力、バイオマスなど)の開発に向けて既存の蓄積した産業技術を投下し、成長と雇用を維持しつつ、エネルギー問題への本質的対応を進めるという「したたかな取り組み」がより真剣に検討されてもよいのではないであろうか。

すでに、英国の戦後世代科学者E・ロビンズの『ソフト・エネルギー・パス――永続的な平和への道』(邦訳、室田泰弘、槌屋治紀、時事通信社)などの影響を受け、日本でも槌屋治紀など若手の技術者が具体的活動を始めているが、「かつて人間が食糧を狩猟から耕作に進化させたごとく、化石燃料を地中から狩猟して消費するだけではなく、再生可能エネルギーを利用して、エネルギーを耕作する文明への転換を図る」という主張は、一見、荒唐無稽に見えて、重大なヒントを含んでいる。

袋小路にあるかに見える日本経済も、工夫と努力によっては、これまでの産業開発成果ともいうべき産業技術を生かし、国内資源を利用することによって内需を拡大し、成長力を維持しつつ自律産業基盤を構築することが不可能なわけではない。今後、戦後世代に求められるのは、諸課題を同時解決・達成するようなシステム的解決策なのである。産業フロントにある戦後世代は、次に日本人が何で食べていくのか、さらには、生存条件を満たした後の国民ニーズ(第三次欲求)に対応し、いかなる産業を育てていくのかという課題に関し、諸問題を同時解決・達成するような解答を求められているのであり、それにはR＆D(研究開発)への意思をもって挑むしかない。

アジアとの真の連帯の確立

もう一つ、戦後世代が取り組むべきテーマとしては、国際社会における日本の役割設定がある。八〇年代の環境が、日本を「大国性と小国性のジレンマ」に追い込むことは想像に難くない。すなわち、一方で工業生産力を主軸にした経済大国としての責任がより一層強く求められ、他方その大国としての存立基盤が資源・エネルギーなどあらゆる面で外部依存度の高いひ弱なものであることが一段と鮮明となる局面を迎えるであろう。かかる環境下で、日本がその政策個性において、国際社会の中での尊敬と理解を得られるような国造りをすること、そこに戦後世代の役割があるといえよう。

そのための一つのポイントが、多様な国際プロジェクトに対する取り組みである。現在、発展途上国への経済協力プロジェクト、先進国との代替エネルギーおよび産業技術開発などでの国際共同研究プロジェクトが急速に増えつつある。しかしながら、予算・資金面での基本姿勢は固まっても、国際プロジェクトの参加、運用システムに関しては、国レベル、産業レベルともにまったく未整備な段階にあるといってもよい。リードタイムが長く利害関係の複雑な国際プロジェクトを粘り強く遂行するためには、単年度予算方式を脱した本格的プロジェクト・マネジメント型の予算制度の導入、さらには、国際プロジェクト遂行テクノクラートの養成が必要であり、そうした実体ある取り組みがなされぬかぎり、日本の「真の国際化」は絵に描いた餅に終わるであろう。

年間四〇〇万を超す人間が海外渡航をするようになり、国境を超えた世界像を有する「外人コンプレックス」のない若者が増えてくることにより、日本経済の国際化にけっして希望がもてないわけではない。戦後世代こそ「国益にこだわらず、自らの個性に裏づけられた共同と協調によって国際社会に生きることが、結局は国益にもつながる」という認識をもって、各国の青年と共通の土俵に上っていくことが必要となっているのである。

また、国際社会における日本の役割設定の中で、とくにアジアとの位置関係の確認が戦後世代に残された課題といえよう。明治以来、日本はおおむね「脱亜入欧」路線ともいうべき欧米をモデルとした近代化を進めてきた。樽井《たるい》藤吉《とうきち》の「大東合邦論」の流れに位置づけられるアジア主義も底流としては存在したが、日本外交がアジアに照準を当てるときは、欧米列強との関係にカゲリが生じ、便宜的に「アジア帰り」せざるをえない時代的背景によるものであった。戦前においては、脱亜入欧が国権主義を基軸にした列強模倣の行き詰まりにより「大東亜共栄圏」構想を通じて「親亜＝侵亜」となっていったこと、さらに戦後においては高坂正堯《こうさかまさたか》の「海洋国家日本の構想」(一九六四年)が、石油危機を経て「通商国家日本の運命」(一九七五年)へと変化せざるをえない環境変化の中で、「太平洋経済圏」構想があらためて政策論議として浮上してきたことは、日本外交の近隣土着性の根の浅さを示すものにほかならない。

戦後世代は、アジアに関し加害者意識も被害者意識ももたない「価値自由」な世代である。この世代においてこそ、後発工業国としての日本の経験をかけて、アジアに真の連帯を求めることが可能なのである。一九七九年六月の東京サミットはアジアで最初の先進国首脳会議ということであったが、前月のUNCTAD(国連貿易開発会議)マニラ総会に大平(正芳)首相が乗り込んで経済協力等に積極的姿勢を示したにもかかわらず、日本の背後にはアジア途上国の何らの特別な支援も期待も寄せられていないことを明らかにするものであった。アジアとの真の連帯を確立すること、そこから戦後世代の国際化は始まらねばなるまい。

私自身も産業社会に働く一人として、日本経済の国際化にともない、多くの国の人たちと話し合う機会が増えてきたが、数年前、英国に長期出張した際、ビートルズのヒット曲『ペニー・レイン』に魅せられ、リバプールを訪ねたときの体験を忘れることはできない。

夜、街角のレストランで旅愁を噛みしめながら食事をしていると、さすがにこの町では日本人が珍しいらしく、何人かの人たちが話しかけてきた。日本経済のことなどを話した後、そのうちの一人の老人に「ときに、日本にあるチベットは最近どうなっているんだね」と聞かれ、驚きが走った。そして、なんだか、とても寂しい気分になって異国の港町の地下レストランを出て階段を登ると、そこに一台の日本製の車が止まっていた。日本からやってきた旧友に出会ったような感激を覚えつつ、思わず車のボンネットをなぜまわした私が思ったことは、結局、日本が国際社会の中で認められているのは経済力、それも工業生産力だけなのだなということであった。

しかし、その工業生産力とて日本がアジアで唯一の千年王国を誇れるものではないことは、最近のＮＩＣＳと呼ばれる韓国・台湾・シンガポールなどの中進工業国の工業開発の現状を知る者にとっては常識となりつつある。これら、中進国の産業現場にある青年の眼は、異様なほど輝いている。国際技能オリンピックにおけるメダル獲得数で、すでにここ数年日本が大きく韓国に水をあけられていることを知る人は少ない。私が韓国の工業開発の現場を見に行ったとき、ある工場の青年工場長は、次のように話を結んだ。「かつて英国人が米国人に対し、お前たちは何のためにそんなに働くんだと聞いた。そのうち、米国人が日本人に対し同じ質問を発した。そして、いま、日本人がわれわれに何のためにそんなに働くんだと聞く……おもしろいですね」

「経済」というものに関し、一つの目標を達成した日本人が、とにかく、いま、一歩前へ踏み出すべき段階にあることを否定する者はあるまい。それは、経済を生かしつつ経済を超えた新しい文化の創造というべきものかもしれない。そこに、成熟時代を演出しなければならない戦後世代の歴史的役割があるといえよう。

戦後世代の「坂の上の雲」は、遠く、かつ重苦しくたれこめているように見える。しかし、その雲は、かつていかなる世代も見たことのないものであり、いつかは目指されなければならないものであった。その複雑な課題に真正面から立ち向かい、しかも精神的ゆとりを失わない者こそ「われらが世代」を語りうるのである。

第3章　それからの団塊の世代を見つめて

――二一世紀に入っての二つの論稿

前章に収録した一九八〇年の論稿から三五年が経過し、それぞれの現場を生きてきた団塊の世代も六〇歳代にさしかかり、社会人としての一定の結末が見える局面を迎えた。

私は、年齢の節目ごとに自らの世代の置かれた状況を見つめる論稿を書き、それらはＰＨＰ新書『われら戦後世代の「坂の上の雲」――ある団塊人の思考の軌跡』(二〇〇六年)に収録する形で書籍化も試みてきた。この章では、二〇〇八年と二〇一五年に『世界』に寄稿した、団塊の世代の今日的状況に対する二つの論稿を収録することにしたい。ともに定年退職期に入った団塊の世代を見つめたものである。

右肩上がり時代に青年期を生きてきた団塊の世代も、高齢者といわれる時代を迎え、「坂の上の雲」を見つめた時代から、それぞれの人生に折り合いをつけ、冷静に自分たちの世代の意味を再考するべき段階を迎えていた。

二〇〇八年の論稿は、団塊の世代も結婚、そして「団塊ジュニア」といわれる成人に達し始めた子供という問題に直面し始めた事態を背景にしている。世に「団塊の世代一〇〇〇万人、団塊ジュニア七〇〇〇万人」といわれるが、この相関性の中に、新たに見え始めた課題に向き合ったものである。

二〇一五年の論稿は、いよいよ高齢者ゾーンに入った団塊の世代が「戦後七〇年」という年を迎え、この年の年頭に当たり、もう一度戦後なる時代を総括し、自分たちが向き合うべき課題を整理したものである。現時点から約二年前の論稿となるが、ここから本書の第４章から第６章に至る「これからどうするのか」、そして「抱え込んだ課題の構造をどう考えるのか」が芽生え、展開されていくことになる。

1　再び団塊の世代として（『世界』二〇〇八年四月号）

その男、馬込政義は一九七〇年九月一四日、佐世保に生まれた。その前日、六四二二万人を集客した大阪万博が閉会した。「七〇年安保」を巡る政治の季節も終わり、高度成長のピークに至る時期であった。この男はそれからの三七年間を生き、最後には故郷佐世保のスポーツ・クラブで二人を射殺し、六人を傷つけた猟銃乱射の殺人犯として自らの命を絶った。

三橋歌織（三二歳。事件当時以下同）、「外資系エリート・サラリーマン」の夫を殺害し、その首を切断して路上に捨てた「セレブ妻」、市橋達也（二八歳）、NOVAの英国人講師リンゼー・ホーカーさんを殺した行方不明男、そして畠山鈴香（三三歳）、自らの幼い娘と近所の少年を殺害した秋田の「鬼母」、これらの直近に起こった悲劇における、あまりに身勝手で自制心のない加害者についての資料を読んで気付くのは、これらの加害者の両親が、団塊の世代を中核にした「戦後世代」、つまり戦後なる日本を培養器として育った世代だという事実である。

特殊なケースをことさらに誇張する気はないが、戦後世代日本人が、決して自らの子供たちの教育に成功していないことは確かで、これらの犯罪の背景に浮かび上がる戦後世代日本人の影の部分を直視したい。それは私自身の世代への問いかけでもある。

団塊ジュニアという鏡

世代論的には、一九七〇年から七九年までの七〇年代生まれの世代を「団塊ジュニア」と呼ぶようだが、厳密な概念規定はともかく、昭和二〇年代前半に生まれた世代が就職して社会参加し、結婚年齢にさしかかった一九七一年前後から八四年前後までの期間に生まれた世代を、広義の「団塊ジュニア」、つまり団塊の世代の子供たちといってよいであろう。子供が「親の背中を見て育つ」存在だとするならば、団塊ジュニアは、日本の戦後を生きた中核世代を映し出す鏡である。

佐世保の銃乱射犯馬込政義は、同じく九州に生まれたホリエモン（堀江貴文、三五歳）ともほぼ同じ世代であるが、諸情報によってこの男の足跡を辿ることで、この世代を育てたものを考えてみたい。

地元の高校を卒業した馬込は、バブル期に向かう八〇年代末に愛知県豊橋の電気機器店に就職、二年足らずで辞め、名古屋で医療関係の仕事に転職した。放送大学に入学していた時期もあるが、見切りをつけて二四歳で上京、都内の病院で医療助手などの仕事に三年ほど従事、時給八〇〇〜九〇〇円程度のキツイ仕事だったという。結局、故郷佐世保に帰り、水産加工会社に勤めた後、県立高等技術専門校溶接科に入学、その後その特技を活かすでもなく、干物加工業や内科医院でアルバイトをしながら年齢を重ねていた。

この男の人生で興味深いのは、「資格マニア」とでも言うべき傾向であり、危険物取扱者、ガス・アーク溶接技能者、クレーン運転士、電気工事士、発破技士、ボイラー技士などの資格を得ている。異様なまでのこだわりであり、何をやっても認められず、評価されない自分の人生において、「世の中に認められたい」という深いコンプレックスが、形を変えて現れたように思われる。

常に侮りと蔑みの中を生き、「今の自分」が評価されないという被害者心理に自分を置き、鬱々と抑圧された状況にあった男が、銃を持つことで、かろうじて周辺が恐怖の表情をもって存在を認識してくれる瞬間に魅せられたのかもしれない。友人に「自分はでかいことをやる」といい続けていたという心の闇に慄然とさせられる。

馬込政義の両親はともに六〇歳代前半で、父は市の職員として、市営動植物園と清掃関係の仕事を定年まで勤め上げた「まじめでおとなしい人」だという。母は専業主婦で、毎週末ミサに通うカトリックの信者だという。

この両親が息子に向き合った姿勢は、この世代の人間として特別なものではなかったといえる。母親は三七歳にもなった息子に毎月二〇万円もの小遣いを与え、犯罪に使われた銃やモーターボートなども買い与えていたと報じられるが、子供に対する「甘さ」は決してこのケースに特殊なものではなく、「他人様の迷惑にさえならなければ好きなことをしていていいよ」という姿勢は、この世代の親の子供に対する共通の姿勢であった。

私生活主義と経済主義

これまでも再三言及してきたことだが、団塊の世代が「戦後日本」という環境に培養され、身につけてきた価値観を集約的に表現するならば、「私生活主義（ミーイズム）」と「経済主義（拝金主義）」といえる。全体が個を抑圧してきても、人間としての強い意思をもって対峙する思想としての「個人主義」とは異なり、他動的に与えられた民主主義の中で自分の意思で生きることを認められた個々人が、ライフスタイルとして「自分の私的な時空間に他者が干渉することを嫌う」傾向を「私生活主義」という。個の価値を問い詰めて、社会との位置関係を模索する真の個人主義には背を向け、結局、戦後世代が身につけたものは、この私生活主義にすぎなかった。

また、戦後復興・成長という過程に並走する形で幼少年期を生きた者として、「何はともあれ経済が大切」という暗黙の価値を身につけてきたともいえる。

私は、「ベビーブーマーズ」と呼ばれる米国の戦後生まれ世代をはじめ、世界の同世代の人間とも語り合ってきたが、日本の戦後世代において、極端に「経済主義的傾向」が強いことを実感する。経済を超えた価値、たとえば、人間社会には、思想的・文化的・宗教的な多様な価値が存在するということには希薄な関心しか抱かず、本音の部分で経済的安定と豊かさだけを求める傾向が、日本の戦後世代には深く沁み込んでいる。

「私生活主義」と「経済主義」の谷間に生まれ育ったのが「団塊ジュニア」だとすれば、この世代が親の世代の性格を超えた価値を身につけるよう期待することは不自然である。団塊ジュニア世代が引き起こす昨今のおぞましい事件やこの世代のありようは、日本の戦後とそこに関わった世代の問題を問いかけてくるのである。

吾亦紅という心象風景

二〇〇七年のＮＨＫ紅白歌合戦で歌われたことを機に、すぎもとまさとの『吾亦紅《われもこう》』が売上げベストテンに入った。「母に捧げる哀悼歌」で、団塊の世代をはじめとする中高年層の男の心象風景に訴えるものがあり、気になって私も買ってじっくりと聞いてみた。

盆の休みに　帰れなかった
俺の杜撰《すさん》さ　嘆いているか
あなたに　あなたに　謝りたくて
仕事に名を借りた　ご無沙汰
あなたに　あなたに　謝りたくて
山裾の秋　ひとり逢いに来た
ただ　あなたに　謝りたくて
(中略)
親のことなど　気遣う暇に
後で恥じない　自分を生きろ
あなたの　あなたの　形見の言葉
守れた試しさえ　ないけど
あなたに　あなたに　威張ってみたい
来月で俺　離婚するんだよ
そう、はじめて　自分を生きる

確かに親孝行も十分にできなかった私自身の心にも沁み、つい引き込まれるのだが、冷静に再考してみた。

この歌の「母」とされる我々の父母の世代は戦争の時代を生きた。つまり、全体が個を否応なく巻き込んだ時代を生きたということであり、対照的に、我々の世代は、自由に「自分を生きる」ことが許された世代であった。日本の歴史の中で、「個」と「我」の論理を認められた最初の世代といってよいであろう。にもかかわらず、六〇歳にもなろうかという年齢になっても、いまなお十分に自分らしく生きていないと思い続け、「自分を生きる」と気張ってみせる心情にこの世代の特質が浮き出ているといえる。

瑣末なことを批判する意図はないが、たかだか「離婚する」などという私的事情を、ことさらに「自分を生きる」証としてもってくる心の動き、さらには「蕎麦《そば》打ち」をしたり、「楽器を弾く」ことなどに自分の世界を求める心理、この辺りを一歩も出ないところに我々の世代の壁を思うのである。

会社人間として結構本気で右肩上がり時代の企業戦士として参画し、バブル期を中間管理職として享受した世代が、定年退職期を迎え、全体状況の中で思うにまかせぬ局面になると屈折した私生活主義に回帰して内向し始める。

世界的に二一世紀の構造的課題が噴出し、日本社会の深層に戦後の澱《おり》のようなものが溜まっている。これらの課題に正面から向き合わねばならない今、平均的に考えてこれからの二五年を生きねばならぬ団塊の世代は、自らの体験を整理し、いかに社会的に生きるかを問い詰め、何かを後代に残していかねばならない。

2　高齢者となった団塊の世代の責任（『世界』二〇一五年一月号）

二〇一五年は戦後七〇年という節目であり、いよいよ昭和二五年生まれが六五歳を迎える。つまり、戦後生まれの先頭世代として生きてきた「団塊の世代」が、ほぼ全て「高齢者」になっていることを意味する。昭和二二年生まれの私自身を含めて「戦争を知らない子供たち」も高齢者になったということである。

団塊の世代が高校を卒業して社会参加する頃、一九六六年に日本の人口は一億人を超えた。そして団塊の世代が定年退職を迎え始めた二〇〇八年に、日本の人口は一・二八億人でピークアウトした。つまり、団塊の世代は、日本の人口が三〇〇〇万人増えた過程を社会人として並走したことになる。

そして、既に日本の人口は減少過程に入り、二〇四〇年代後半には一億人を割ると予測されている。現在でも一〇〇歳以上が六万人を超えており、その頃、数十万人の団塊の世代は一〇〇歳を超えて生きているであろう。既に二〇一四年、人口の二五・九％が六五歳以上によって占められているが、「超高齢化社会」がヒタヒタと迫っている。三十数年後に人口が一億を割る時、それは一九六六年の一億人に戻るわけではない。一九六六年の一億人はその七％しか六五歳以上の人はいなかった。だが、一億を割る頃、人口の四〇％が六五歳以上となり、しかも二五％が七五歳以上になると予測される。超高齢化社会がもたらす社会構造の変化と、顕在化する課題の中核的担い手が団塊の世代になることもまちがいない。

日本の分岐点としての一九一〇年代

ところで、二〇一四年は「第一次世界大戦勃発から一〇〇年」という年であった。日本が真珠湾攻撃に至った歴史を考えるとき、実は、一九一〇年代の日本の選択が運命の分岐点であったと、私は考える。欧州大戦の勃発を好機ととらえ、大英帝国との日英同盟に基づく「集団的自衛権」を根拠に中国におけるドイツの権益を奪うべく参戦、一九一五年には「対華二一カ条の要求」を突きつけ、遅れてきた植民地帝国としての野心を露わにしていった。

この辺りの事情は、「ベルサイユ講和会議が今日に示唆するもの」としてこの連載でも書き、

「脳力のレッスンII　脱9・11への視座」(岩波書店、二〇〇七年)に収録されている。その一九一〇年代を生きた世代を考察しておきたい。

一九一二年に日本の人口は五〇〇〇万人を超した。現在の日本の人口の四割にも満たない極東の小国であり、六五歳以上の比重も五％程度であった。幕末維新から約半世紀が過ぎ、当時の平均寿命からすれば、維新の動乱期に辛酸《しんさん》を舐《な》めた世代の大部分は世を去り、幕末維新を知らない世代が人口の九割を占める時代になりつつあった。普通選挙(一九二五年に男子の普通選挙制度実現)もない時代であり、国民の政治的意思決定への参加は限られていたが「時代の空気を作る」という意味で、時代を支えた世代の判断は重い。

日清・日露戦争での「戦勝」、韓国併合という歴史と並走した世代の日本人は、指導者を含め、次に世界史が向かう方向を見抜けなかった。かの孫文が、遺言ともいうべき神戸での講演で、「日本が、これからのち、世界の文化の前途に対して、西洋の覇道の番犬となるのか、東洋の王道の干城《かんじょう》となるのか、あなたがた日本国民がよく考え、慎重に選ぶことにかかっている」と述べたのは一九二四年であった。残念ながら日本は欧米列強模倣の帝国主義国家へと向かい、敗戦を迎えた。

世代が担う責任というものがある。『戦争を知らない子供たち』(この歌は一九七〇年、ジローズによって歌われた）の先頭世代として生きた団塊の世代が、自分たちをどう認識するのか、そして残された時間において、どう時代に関わり、歴史を繋ぐ責任を果たすのか、「終活」などと言い出す前になすべきことがあるはずだ。

団塊の世代が生きた戦後なる時代

団塊の世代は「戦争を知らない子供たち」であったが、戦争の余燼くすぶる時代の空気を感じとった世代でもある。たとえば、私の記憶の中に、駅頭や街中に白い服を着て物乞いする傷《しょう》痍《い》軍人の姿がある。ある時、温厚だった親父が惨めな姿を晒す傷痍軍人に「貴様はそれでも帝国軍人か」と叫んで激昂した瞬間を見た。日本軍が、恩給が多くもらえるようにポツダム宣言受諾後に階級を昇進させた「ポツダム中尉」ではあったが、軍歴を誇りとしていた父には耐えられない何かがあったのだと思う。父は涙ぐんでいた。敗北を抱きしめながら生きることに必死だった大人の背中を我々は見てきた。

戦後の混乱を引きずり、日本は貧しかった。私は親父が「傾斜生産方式」で戦後復興を支えた石炭産業で働いていたため、北海道・九州の炭鉱で育った。私の原体験は写真家土門拳が写真集『筑豊のこどもたち』（パトリア書店、一九六〇年）に写し出した「弁当を持ってこられない子供」である。筑豊の小学校では、弁当を持ってこられない級友がいて、昼食時に我慢して本を読んでいた。閉山して両親が失踪し、小学生の姉が小さな妹にザリガニを煮て食べさせていた。子供心に、この世には不条理が存在することを知った。

日本の一人当たりGDPが一〇〇〇ドルを超したのは一九六六年、東京オリンピックの二年後であり、私が高校を卒業し、進学のため上京した年であった。中学・高校時代は札幌で過ごしたが、テレビの草創期であり、米国のホーム・ドラマに釘付けになり、大型の冷蔵庫から取り出したミルクをがぶ飲みする豊かな米国への憧憬《しょうけい》を埋め込まれたものである。札幌市の狸小路商店街の福引の一等商品にトヨタのコロナが出され、話題を集めていた。復興から成長へ、一九六〇年代から七〇年代にかけての日本は、右肩上がりの経済の中で、豊かさへの願望が確信に変わる時代であった。

一九七一年、大学三、四年生として大学紛争・全共闘運動と向き合った私は、その総括の意味を込めて「政治的想像力から政治的構想力へ」という論稿を書いた。左翼黄金時代の早稲田のキャンパスで、「右翼秩序派」と決め付けられながら一般学生として大学変革運動に参画した私は、大学院生として荒れ果てた野に立つ思いで、全否定のゲバルトの論理に走る学生運動の未熟さに覚えた違和感を整理し、変革の構想力が必要なことを論じた。その思索の中から、現場に立つことの重要性を感じ、日本経済の縮図ともいえる総合商社への就職を決め、実社会へと踏み込んだ。七三年、石油危機の年であった。

日活が石原裕次郎や吉永小百合を擁して展開した青春路線を転換して、「ロマンポルノ」に社運をかけたのが一九七一年、第一弾が『団地妻　昼下りの情事』であった。学園紛争の挫折を受けて、自分の身辺状況に引き戻されたこの世代の多くの若者は「企業戦士」としてそれぞれの経済社会の現場に身を置いていった。「真っ赤なリンゴ」という表現がなされ、「表面は左翼がかって真っ赤に見えるが、一皮剝けば真っ白だ」という意味であった。私自身も、総合商社という企業活動の現場で格闘する仲間と眼前の課題に向き合った。

戦後日本の通商国家としての最前線を支えた先輩たちの言葉を思い出す。一九八〇年代後半から一〇年間米国東海岸に勤務していた頃、訪ねてきた先輩に「お前たちはぜいたくになったな」とため息をつかれた。聞けば、同じ米国駐在といっても、一九五〇年代から六〇年代の米国で働いた先輩たちは「三条燕の洋食器とクリスマスツリーのランプの見本をボストンバックに入れ、けんもほろろの応対を受けながら売り歩いた」というのである。

戦後日本の貿易収支が赤字を脱したのは一九六五年だったが、七〇年代に入る頃まで「国際収支の天井」という言葉がのしかかっていた。「売るものがないから買うものも買えない」ということで、外貨を稼げる産業が育っていなかったのである。

染み込んだ経済主義と私生活主義

入社して七年、『中央公論』一九八〇年五月号に「われら戦後世代の『坂の上の雲』」という論稿（第２章参照）を書いた。欧米・アジアを動き始め、少し視界が広がりかけた頃であった。三〇歳代に入っていた自分の世代のアイデンティティを確認するために、戦後世代を形成した要素を考察し、身につけた価値観として「経済主義」と「私生活主義」という特性を抽出した。

「経済主義」とは、敗戦を米国の物量への敗戦と総括し、イデオロギーや思想よりも経済の復興と成長を優先させることで合意形成した時代に育った人間として、何よりも経済的価値を優先させる傾向であり、世界を動いて同世代の外国人と向き合って感じた実感であった。

また、「私生活主義」とは、戦後民主主義を通じて身につけた思想としての「個人主義」（全体に対する個の確立）という意味ではなく、自分の人生を自分で決めてよい時代に生きて身につけた「不干渉主義」（他人に干渉したくもされたくもない）というライフスタイルへのこだわりという意味であった。一九八一年、日本の一人当たりＧＤＰが一万ドルを超す時が迫っていた。

その後、都市新中間層として生きた多くの団塊の世代は、八〇年代末から九〇年代へとバブル期を中間管理職として享受した。九〇年代に入り、バブル崩壊後、この世代も「リストラとデフレの時代」で息苦しくなっていくのだが、それでも退職金と年金は保障される立場を確保し、総じて平和で安定した豊かな時代を生きてきたといえる。復興期からバブル期を生き、「なんとなくクリスタル」なバブリーなものに郷愁を覚える意識が潜在しており、アベノミクス的時代の空気に同化する土壌があるともいえる。

世界史の中の戦後日本　特殊なアジアの国としてのトラウマ

戦後日本の七〇年を振り返るならば、一九九〇年前後(一九八九年ベルリンの壁崩壊、一九九一年ソ連崩壊)までの冷戦期の四五年間と、冷戦後の二五年間に分けて考えることができる。敗戦の衝撃の中で、東西冷戦の時代を生き抜くために、日本は西側陣営の一翼を担う形で「サンフランシスコ講和会議」(一九五一年)に臨み、日米安保条約に基づく「日米同盟」で戦後を生きてきた。

考えてみると、二〇世紀の日本は、初頭の約二〇年間(一九〇二〜二三年)、大英帝国との日英同盟を外交の基軸とし、一九四五年の敗戦後の半世紀以上を日米同盟によって生きたわけで、アングロサクソンの国との二国間同盟で二〇世紀の大半を生きたアジアの国という特殊な存在である。しかも、間に挟まった四半世紀が戦争に至る迷走の時期であり、日英同盟を背景に日露戦争、第一次大戦と彗星のごとく国際社会に台頭した記憶、日米同盟を支えに復興・成長という過程に入った記憶が埋め込まれ、「アングロサクソン同盟は成功体験」という認識が固定観念となったとさえいえよう。この辺りが、「アジアの国でありながらアジアの国でない」日本の立ち位置の淵源《えんげん》になっていることに気付かざるをえない。

ともあれ、戦後日本は一貫して米国との同盟に支えられ「軽武装経済国家」として生きた。その中で米国への過剰依存と期待が醸成され、「米国を通じてしか世界を見ない国」になってしまった。冷戦が終わった頃、一九九〇年の日本の貿易総額に占める米国との貿易比重は二八％で、これが中国を初めとするアジア貿易の増大によって、二〇一四年には一三％にまで下がってきたが、軍事同盟においては日米の一体化が深化している。この段差に日本の立ち位置の危うさがあるといえる。

日米同盟の本質を再考するうえで重要な設問がある。「何故、北海道に米軍基地はないのか」という問いである。つまり、日本列島の南端で、国土面積の〇・六％にすぎない沖縄に米軍基地の七四％が集中する理由とは何かを考えてみることである。

日米安保は冷戦構造を前提に成立した同盟であり、仮想敵国をソ連と想定するのならば、侵攻の危険性の高い北海道にこそ米軍が配置されてよいはずだった。在日米軍の北限は三沢の通信基地であり、その意図は、米議会の秘密会などでの議論を踏まえるならば、「ソ連侵攻の場合、まず北部方面の自衛隊が戦って、米軍は南に構え、行動を選択する」というものである。それが冷厳な現実で、米国はいつでも駆けつけてくれる善意の足長おじさんではない。今日の日米中のトライアングル関係においても、米国の本音は「日中の紛争に巻き込まれて米中戦争になることは避けたい」ということで、「日米同盟で中国の脅威に向き合う」という日本の期待とは温度差があることを認識すべきである。

米国のアジア戦略の本質は、アジアにおける米国の影響力の最大化にあることは当然で、「同盟国日本も大切だが、二一世紀の大国中国も大切」というゲームであり、一方的にどちらかに加担することは賢くないのである。

中国の分裂という僥倖

このことは戦後の経緯を静かに想起すればわかる。一九四九年、中華人民共和国の成立によって蔣介石が台湾に追われ、中国が二つに割れた。以来、一九七二年の米中国交回復に向けたニクソン訪中まで、米国の対中政策は台湾支援で迷走する。その間隙を突いて、米国の支援を一身に受けて復興・成長の流れに入ったのが日本であった。「もし蔣介石が本土の中国を掌握し続けていたら、日本の戦後復興は三〇年遅れたであろう」という見方は的確である。戦後の米国のアジア戦略において、中国への投資・支援が優先され、日本に回る余地は限られたであろうという意味である。日本が敗戦後わずか六年で講和を迎え、国際社会に復帰できたのも、共産中国の成立と朝鮮の動乱に衝撃を受けた米国が「日本を西側に取り込んで、戦後復興させ、アジアの防波堤にしよう」という判断が働いたことによる。

僥倖《ぎょうこう》にも近いタイミングで中国が割れ、米中国交回復をフォローした日中国交回復までの四半世紀、日本は中国を忘れていられた。復興・成長に専心できたともいえる。

大きな転機は一九五五年のバンドン会議であった。アジア・アフリカ会議ともいわれるこの会議は、中華人民共和国が国際会議に参加した最初の会議であり、インドのネルー、中国の周恩来、インドネシアのスカルノ、エジプトのナセルなど戦後の新興国のリーダーが一堂に会するものであった。この会議に招請され、および腰のアジア帰り(「対米協調を軸としたアジア復帰」)を果たした日本であったが、結局、アジアとは経済的利害だけを優先させ、決定的な相互信頼関係を構築できぬまま二一世紀に入って来てしまった。

このことが、冷戦後の世界史の転換においても9・11後の米国のアフガン・イラク戦争に対して「アメリカに付いていくしか日本に選択肢なし」という沈鬱な状況をもたらした。つまり、日本は冷戦後のマネジメントに失敗し、世界の構造変化に対応してこなかったのである。

同じ敗戦国だったドイツは、冷戦後の一九九二年に「在独米軍基地の見直しによる縮小（在独米軍を二六万人から四万人に削減）と地位協定の改定」に踏み込み、ドイツの主権回復に舵を切った。対照的に日本は「アジアでは冷戦は終わっていない」という認識で、大事な九〇年代を日米安保の自動延長どころか、九六年の「日米安保の再定義」、九七年「ガイドラインの見直し」と、むしろ米軍の世界戦略と一体化する方向に向かった。知的怠惰であり、二一世紀に入ってアフガン・イラクに展開した米軍が「同盟国軍隊との共同作戦」を期待して推進した「米軍再編」には思考停止のまま引き込まれていくしかなかった。

団塊の世代が直視すべきこと　戦後を問い詰め次世代に繋ぐ

我々はこんな自堕落で矮小な時代を目撃するために生きてきたのであろうか。戦後世代の先頭世代として怒りを抑えながら、直視すべきことを整理したい。

まず、経済社会のあり方について、「アベノミクス」なるものに拍手を送る知見の低さを省察せねばならない。日銀総裁を取り替えてでも超金融緩和に踏み込み、株高と円安を誘導、やがてそれが実体経済を押し上げ、デフレからの脱却をもたらすという「好循環」を描いているのが「アベノミクス」だが、現実に進行しているのは金融政策だけに過剰に依存した株高主導経済と円安反転による輸入インフレであり、国民生活の毀損《きそん》である。経済社会の現場に立つ人間は、決してこんな安易な経済理論を信じなかったはずだ。

アベノミクスがもたらしたのは「吊り天井経済」とでもいうべき状況で、金融を溢れさせて株が上がっているから、天井の高い母屋が建っているように見えるが、柱や土台というべき実体経済が動かず、株高で恩恵を受ける一部の人と取り残された人の格差と、エネルギーと食料を海外に依存する国として「輸入インフレ」に苦しむ国民という歪んだ結末をもたらしている。

二〇一四年一〇月末に日銀が追加金融緩和として「資金供給量と長期国債の購入量のさらなる拡大」を発表して以降の奇怪な展開を直視すれば、アベノミクスの本質はわかる。当然、さらなる金融緩和によって日経平均株価は一・七万円台へと上昇したが、一一月一四日までの四週間の株取引内容を見ると、「外国人投資家が一・八兆円の買越し、日本の法人(機関投資家)は九九七億円の売越し、日本の個人投資家は実に二・五兆円の売越し」となっており、日本人はアベノミクスなどを信じておらず、外国人買いに並走して売り抜いているという構造は加速している。産業を育てる資本主義とは無縁な、マネーゲームだけを高揚させ額に汗して働く人は苦闘するという愚かな構造に気付かねばならない。

しかも、一〇月末の追加金融緩和と期を同じくして、GPIF、つまり年金基金の運用方針を転換し、その五割(従来は二四%程度)を国内外の株で運用できることにした。国債での運用では制度が回らないほど国債の価値を毀損しておいて、運用力など期待できる体制にもないGPIFに株への投資を促すわけで、国民は知らぬ間に大きなリスクを背負いこんだのである。

我々が目指すべき経済社会は、マネーゲームで景気浮揚の幻覚をもたらし、株価と政権の支持率が相関するような次元のものであってはならない。実体経済を直視し、産業を育て、未来につながるプロジェクトを組成し、国民経済を豊かにし、分配の公正を実現することこそ重要なのである。そして、安易な財政出動を繰り返し、一〇〇〇兆円を超す債務を後代に回すような財政構造を脱し、歳入に見合った歳出という規律を取り戻すことである。アベノミクスは「好循環」を祈って金融を肥大化させる呪術経済学の産物である。

戦後日本の決意としての日本国憲法

次に、目指すべき国際社会における日本の国家像について、考えねばならない。「中国・韓国には侮られたくない」という時代の空気を投影した国家主義・国権主義への回帰に関し、い

「シルバー・デモクラシー」時代が迫る。人口の四割が高齢者という超高齢化社会では有権者人口の五割、「老人は投票に行く」という傾向を踏まえれば現実に投票に行く人の六割を高齢者が占めることになる。「老人の、老人による、老人のための政治」になりかねない。

代議制民主主義を鍛える

戦後民主主義が、与えられた民主主義であるにせよ、また民主主義が「悪平等」を助長して煩瑣《はんさ》で時間がかかる仕組みであるにせよ、我々は国家主義の誘惑に引き込まれてはならない。とくに、「戦争を知らない子供たち」ではあるが、戦争を意識の奥に置き、戦前と戦後をつなぐ時代を生きてきた団塊の世代は、「国家」の名における犯罪を拒否する責任を有する。民主主義の価値を尊ぶからこそ、代議制民主主義を鍛える意思を持つべきで、「代議者の数の削減（議員定数削減）」「議員の任期制限」などによって「政治で飯を食う人」を厳しく錬磨し、代議制を通じたリーダーの育成と意思決定の高度化を図らねばならない。

あらためて、戦後日本に光の部分があったとすれば、一つは、冷戦期において社会主義からの体制転換の圧力の下に、「分配の公正」を真剣に論ずる資本主義を模索したことであり、空虚なマネーゲームを抑制し「産業と技術」を志向する経済社会を目指したことであろう。さらにもう一つは、日本近代史の省察に立って「開かれた国際主義」に真摯に生きたことであり、大国意識に立つ「国威発揚のための国際貢献」を「積極的平和主義」と言い換える浅薄なものではなかったはずだ。

そして、戦後日本の忘れ物としての最大の課題は米国との関係の再設計である。二一世紀の世界では米国への過剰依存と期待では生きていけない。世界史の常識に還ることである。それは「独立国に長期にわたり外国の軍隊が駐留し続けることは不自然なことだ」という常識である。この意思を失った国を世界では「独立国」とはいわない。

第4章　二〇一六年参議院選挙における　シルバー・デモクラシーの現実

——なぜ高齢者はアベノミクスを支持するのか

二〇一六年七月一〇日の第二四回参議院選挙の投票日の朝、TBSの報道番組「サンデーモーニング」への出演に際し、報道の関係者から、各紙、各局の最終予想について、「与党圧勝はまちがいなく、自民党単独過半数、改憲勢力三分の二は確実」という情勢説明を受けた。私が「国民はそれほど愚かではないはず」と私見を述べると、「いや、愚かなんですよ」という答えが返ってきた。

午後八時、投票が締め切られると同時に、各TV局は予想を出した。NHKは、「与党大勝」を前提にしたかのように、自民単独過半数となる議席「五七」や改憲発議に必要な三分の二に至る「一六二」などを要注目の数字として示し、出口調査などを踏まえ、それらの数字を上回る大勝という予想を出していた。

しかし、結果として自民党は「五六」議席に留まり、単独過半数には届かなかった。また、「改憲勢力」が三分の二という議論にしても、当初は自民、公明、おおさか維新の会(現日本維新の会)、日本のこころを大切にする党という「改憲四党」で三分の二という話だったが、この四党では一六一議席と、やはり一議席届かなかったため、「改憲に前向きな無所属議員も含む」という枠組みで一六五議席とし、「改憲勢力が三分の二超」という報道となった。

直前のメディア予測は外れた。にもかかわらず、自民党六議席増、公明党五議席増、与党で一一議席増であり、無所属も含む改憲勢力で三分の二を超えたことで、「与党大勝ということにしておこう」という報道に収斂させ、何故直前の予測が当たらなかったのかについては、メディアは沈黙を決め込んでいる。

NHKの開票速報開始時点での、民進党の議席予想は「二二〜二九」であった。結果は「三二」だった。野党第一党も意外に健闘したなどと寝ぼけたことを言っているのではない。民進党が主体的に流れを創ったなどという話は一切ない。国民に納得のいく選択肢を提示することもなく、健闘といえるレベルの話ではない。ただ、何故、与党・自民党は直前の予想外に伸びなかったのか。さらに、言われていたほど共産党も伸びなかったのかを解明することは、日本の政治の今後を考察する上で重要である。

ほんとうに「与党大勝」なのか　国民の迷いとためらい

結論をいえば、「投票には行っても、入れるべき候補者がいない」という貧困なる選択肢の中から、国民はギリギリのバランス感覚を見せたというのが、この参院選の結果だったと思う。

国民はそれほど愚かではなかったのであり、ただ、安倍政治に代わる政策軸を見出せないまま立ち尽くしているということでもある。

基本的な数字を確認しておきたい。この選挙における参議院比例区での自民党の得票率である。ここに政権への国民の評価・認識が現れるからである。

比例区での自民党得票率は三五・九％で、前回の第二三回(二〇一三年)では三四・七％だったから、一・二％増えたことになる。しかし、投票率が五四・七％だったことを思うと、有権者総数の一九・六％の得票となり、つまり、有権者の二割に満たない得票で改選議席の四六・三％を占めることができるという、選挙制度の魔術によって「圧勝」を実現したのである。

また、公明党の比例区での得票率は、第二四回参院選では一三・五％だが、第二三回より〇・七％減らしているので、与党の得票率は前回より〇・五％増えたにすぎない。

一方、野党第一党の民進党の比例区での得票率は二一・〇％と、第二三回の民主党の得票率一三・四％から七・六％も増えたようにみえるが、同じく第二三回の日本維新の会(一一・九％)とみんなの党(八・九％)の得票率を考えると、そのかなりの部分を吸収・統合した野党再編の割には、得票率は伸びなかったとみるべきである。政党支持率という世論調査の動向を見れば、民進党の支持率は今回の比例区での得票率の半分程度であろう。

さて、直前の予想が当たらなかった大きなポイントが、第二三回参院選挙で与党の二九勝二敗だった「一人区」(第二三回では三二選挙区)で、二一勝一一敗となったことである。「野党共闘」の効果と見ることもできるが、現場の事情を聴くと、「共闘効果」というよりもＴＰＰ(環太平洋パートナーシップ協定)インパクトが大きかったことに気付く。ＴＰＰの交渉経過が見えてくるにつれて、農業関係者が「裏切られた」ことに反発を強めた。その結果、東北六県中、秋田を除く五県で野党統一候補が勝利し、長野・新潟といった農業県でも、ＪＡグループの政治団体が自主投票にしたことが自民敗北をもたらしたといえる。北海道は定数三人区であるが、民進党が二議席を確保し、自民党候補が次点に泣いた理由も、ＴＰＰへの反発にあるといえる。

もう一つ、最後のところで与党の得票が伸びず、票が野党に向かった理由は、「アベノミクス」に象徴される経済政策、「安保法制」に象徴される外交安保政策について、現政権が推し進める政策への懸念と逡巡《しゅんじゅん》が「ここは野党に入れておこう」というギリギリの投票行動をもたらしたとみるべきであろう。日本はまちがった方向に進んでいるような気はするが、どう進むべきかの代案も見えない。そうした投票行動をもたらした社会構造は後述することにして、この二〇一六年参院選で気になる何点かを明らかにしておきたい。

二〇一六年参院選が示したもの

一つは、慶応大学名誉教授の小林節が率いた「国民怒りの声」の惨敗である。比例区での得票四六・七万票、小林節個人はわずかに七・八万票に終わり、比例区で一人を当選させるのに必要な約一〇〇万票の半分にも満たなかった。安保法制の違憲性についての問題を提起し、議論を主導した存在に国民は関心を示さなかった。連携する政党など組織論的戦略に欠けるマイナー運動に終わり、悲しい結末を迎えたのである。「国のありかた」を問う根本問題よりも、「生活と経済が大切」という国民の本音の壁に弾き返され、風車に向かったドン・キホーテのような敗退であった。

二つ目は、直前予想でいわれていた「共産党の躍進」が外れ、前回の参院選の当選者八人を下回る六人にとどまったことである。比例区での共産党の得票率は前回より一％伸びたとはいえ、直前予想では「一〇人以上の当選も」とみられていたにもかかわらず、躍進は幻に終わった。共産党が主導した野党共闘は、与党に対抗可能な選択肢を提示したともいえるが、共産党候補に対する民進党内の拒否反応で、共産党自身の議席にはつながらなかった。むしろ野党共闘によって、「確かな野党」を標榜してきた共産党の輪郭がぼやけ、党勢拡大にはならなかったことが指摘できる。共産党としてはジレンマを抱えながらも、国民政党への脱皮に向けて、この結果を前向きに総括すべきであろう。

三つ目は、一八歳からの政治参加がもたらした意味である。二〇一六年参院選から投票年齢が一八歳に引き下げられ、約二四〇万人の若者が投票権を得たが、注目された一八・一九歳の投票率は四五・五%であり、予想外に高かったともいえる。全体の投票率は五四・七%であった。これまでの投票行動の傾向では、総じて高齢者層の投票率が七割近い水準を推移してきたのに比し、二〇代の投票率はその半分程度であった。この傾向が続けば、日本の政治的意思決定は、「老人の、老人による、老人のための政治」となるであろう。

話は逸れるが、六月に行われた英国のEU離脱を巡る国民投票において、英国の若者、たとえば二〇歳代の若者の六六%はEUに留まることを支持した。四三歳が分岐点で、それ以下の若者の過半はEU残留を支持、それ以上の年齢層においては離脱派が過半を占めたという。つまり、未来により大きな責任を担う若者が欧州共同体の中で生きることを期待しているのに、老人たちがその道を塞ぐ選択をしたということで、深く考えさせられる。そして、注視すべきは、現代日本の社会的意思決定における高齢者が持つ意味であろう。

政権の政策の行き詰まりと代替案なき野党の悲劇

選挙戦の最終局面で国民の迷いが交錯したとはいえ、大勢として国民はアベノミクスの継続を選んだ。正気の議論をするならば、アベノミクスの論理などとっくに破綻しており、「道半ば」とか「この道しかない」などといえるものではない。二〇二〇年に名目GDPで六〇〇兆円を実現して、その果実を国民が享受することなど虚構にすぎないと気づきながら、それでも国民の多くが「株高誘導の景気刺激」という共同幻想に乗っているのである。何故か。それが都合がよいと思う人たちがいるからである。

表「アベノミクス四年の総括」を凝視したい。経世済民、経済の根幹である国民生活、そして実体経済はまったく動かない。米国が二〇〇八年のリーマンショック後の緊急避難対策とした異次元金融緩和を見習って「第一の矢」とし、日銀のマネタリーベースをほぼ四〇〇兆円の水準にまで肥大化させ、金利も「マイナス金利」などという異常事態に踏み込んだ。ご本尊の米国が実体経済の堅調を背景に、量的緩和を終え、政策金利の引き上げ局面を迎えているのに、日本は「出口なき金融緩和」に埋没している。

また、財政出動を「第二の矢」とし、消費税引き上げもできぬまま、さらなる財政出動を模索し続けている。「金利の低い時だから、赤字国債を出しても利払いが少ない」という誘惑に

表　アベノミクス4年の総括

「異次元金融緩和」	2010年平均	2012年平均	2016年11月平均
マネタリーベース	98兆円	121兆円	418兆円
貸出残高（銀行計）	396兆円	397兆円	439兆円

「財政出動」	2010年度 ［政府債務：10年度末］	2012年度 ［政府債務：12年度末］	2016年度 ［政府債務：15年度末］
政府予算 （一般会計＋特別会計）	464.7兆円	487.5兆円	503.9兆円
政府債務	924兆円	992兆円	1,049兆円

「動かぬ実体経済」	2010年平均	2012年平均	2015年平均
勤労者世帯可処分所得 （2人以上の世帯）	43.0万円/月	42.5万円/月	42.7万円/月
家計消費支出 （全国・2人以上の世帯）	29.1万円/月	28.6万円/月	28.7万円/月

（出所）：日本銀行，財務省，総務省統計局「家計調査（家計収支編）」等

駆られ、「市場はさらなる景気刺激策を求めている」などという無責任な経済メディアの甘言に乗って、「ヘリコプターマネー」と称する無利子の日銀からの借金で、財政出動を加速させるべきだとの議論さえ生まれ始めている。既に一〇〇〇兆円を超す負債を抱える国だという事実を忘れてはならない。自分が生きている時代だけは景気刺激を、という考えは、「後代負担」、つまり後の世代に負担を先送りする自堕落な思考である。

問題に気づきながら、日本は「慢性金融緩和依存症」に陥り、「リフレ経済学」なる金融政策に依存して「脱デフレ」を図る呪術経済学に引き込まれている。野党民進党の経済政策もリフレ経済学を許容する中での「格差批判」程度のもので、アベノミクスを否定できるものではない。「新自由主義」と「リフレ経済学」の複雑骨折の中を迷走し、産業の現場に軸足を置いた経済政策に踏み込めていない。

また、政権与党が「戦後レジーム」からの脱却を腹に置き、戦後民主主義を否定して国権主義、国家主義への回帰を図ろうという意思を明らかにしつつある中で、野党は本気でその流れと対峙する政策軸を見せていない。そのことは民進党の外交安全保障政策の空疎な中身を見れば明らかである。たとえば、沖縄・普天間基地移設問題に関して、「辺野古しか移転先はない」とする点において、民進党は疑似与党でしかなく、翁長雄志《おながたけし》知事の下、オール沖縄で辺野古を拒否する沖縄において一切の存在感がないことがそれを象徴している。憲法と沖縄は相関して、戦後日本を次のステージでどこに持っていくのかという課題でもあり、ごまかしのきかない課題なのである。

進む日本の貧困化と世代間格差――高齢者がアベノミクスに幻惑される理由

それでもアベノミクスの継続を望む社会構造を再考してみたい。

『世界』二〇一五年五月号掲載の「内向と右傾化の深層構造――二一世紀日本で進行したもの」（脳力のレッスン157）において、私は、勤労者世帯可処分所得が、二〇〇〇～一四年の間に、年額五八・八万円減少し、「中間層の貧困化」が進行していること、さらに、全国全世帯の家計消費支出がこの間、年額三二・四万円も減少したことを指摘した。

そして、この間の家計消費で極端に減少した支出項目としての「こづかい、交際費、交通費、外食、酒類」などに象徴されるごとく、日本人は行動的でなくなったことと、「仕送り金、授業料、教養娯楽、書籍」などへの支出減に象徴されるごとく、日本人は学ばなくなり、学べなくなったという事実を解析・指摘した。そして、こうした時代の空気が、日本人の視界を狭め、内向と右傾化の土壌となっていることに注目した。

二〇一五年の勤労者世帯可処分所得は、月額四二・七万円(前年比三〇〇〇円増)であったから、若干増えたように思えるが、長期的に見ると、一九九七年のピーク時の年額五九六万円から、二〇一五年には五一二万円と、実に八四万円も減少している。ちなみに、全国全世帯の消費支出も、ピーク時一九九三年の四〇二万円から二〇一五年の三四四万円と、年額五八万円も減少しており、いかに消費が冷却し、生活が劣化しているかがわかる。

この段階で確認しておきたいのは、働く現役世代の可処分所得が、ピーク比で年額八四万円も減ったという状況では、この世代が高齢化した親の世代の面倒をみて経済的支援をするための基盤が失われているということである。

もっとも、戦後七〇年というプロセスにおいて、「親に孝行」といった儒教的価値を失わせる社会構造を作ってしまったともいえる。都市に産業と人口を集中させて高度成長期を走ったことにより、「核家族化」が進行し、既に一九八〇年に三八%にまで増やしていた核家族(単身世帯、夫婦のみ世帯、母子・父子世帯)の比重は、二〇一〇年には六一%となり、現在は六五%になっていると推計される。つまり、「家族」の性格がすっかり変わってしまい、世代間の支え合いが困難な社会となっているのである。

働いている現役世代でさえ生活が劣化している状況の中で、働いていない人が多い高齢者の経済状況は、さらに厳しいといわざるをえない。六〇歳以上の無職の世帯の可処分所得(年金プラス所得マイナス社会保険)は、平均年額一七八万円で、平均生活費は二四八万円(「家計調査年報」)、年間七〇万円足りないとされ、その分は資産を取り崩していると思われる。

それ故に高齢者の就業志向は高まっており、総務省統計局の「就業構造基本調査」(二〇一二年)によれば、男性における就業者の比重は六〇〜六四歳で七三%、六五〜六九歳で四九%、七〇〜七四歳で三二%、七五歳以上一六%となっているが、ここでの「就業者」には雇用者(役員を除く)、役員、自営業主も含まれ、六五歳以上の雇用者は一三%程度であり、雇用条件も非正規雇用が大半となるため大きな所得は望めない。

だが、高齢者層は現在の勤労者世帯を形成する世代(現役世代)よりも相対的には恵まれているといえるであろう。日本が右肩上がりの一九六〇年代から八〇年代にかけて壮年期を送り、勤労者世帯の可処分所得が増え続けた環境の中で、一定の貯蓄と資産を確保できた世代だからである。東京に吸収されたサラリーマン層をイメージしても、郊外にマンションの一戸程度は手に入れ、ローンを払い終えて定年を迎え、一定の貯蓄と金融資産を手にしているというのが一般的高齢者であろう。

総務省統計局の「家計調査(貯蓄編)」を基に、国民の金融資産保有状況(二〇一四年)をみると、貯蓄の五八％、有価証券七二％は六〇歳以上の世代が保有している。つまり、株価の動きに最も敏感であり、金融政策主導で、日銀のＥＴＦ（指数連動型上場投資信託受益権）買いだろうが、ＧＰＩＦ（年金基金）による株式投資の拡大だろうが、株高誘導政策には「何でもやってくれ」といわんばかりに共感する土壌を形成しているのが高齢者なのである。

二極分化する高齢者の経済状態

ただし、高齢者の経済状態は、一般論で単純に判断できないほど、二極分化が進んでいる。人口の二七％、三四〇〇万人が二〇一五年時点での高齢者人口だが、あえて高齢者を経済状態で分類するならば、約二〇％（七〇〇万人）が「金融資産一〇〇〇万円以下で、年金と所得の合計が二〇〇万円以下」の「下流老人」であり、約一五％（五〇〇万人）が「金融資産五〇〇〇万円以上で、年金と所得の合計が一四〇〇万円以上」の「金持ち老人」で、残りの約二二〇〇万人が「中間層老人」といえるが、この中間層老人が「病気・介護・事故」などを機に、下流老人に没落する事例が急増しているという。生活保護受給世帯一五九万世帯のうち七九万世帯が高齢者世帯であり、「貧困化する高齢者」問題も深刻である。

〔注〕高齢者のうち所得のすべてが年金の人が約五割を占め、厚生年金に加えて企業年金を得る最も

恵まれた年金受給者でも年金収入のMAXは五五〇万円前後である。

確かに、高齢者の平均貯蓄額(二〇一四年)は二四六七万円と意外なほど高いが、一〇〇〇万円以下が三六%、二〇〇〇万円以下が六〇%で、富は偏在しているのである。つまり、安定した経済状態にある高齢者層が確実に圧縮しているといえよう。

「老後破産」の現実について、NHKスペシャル『老人漂流社会〜〝老後破産〟の現実』での放送(二〇一四年九月二八日)を単行本化した『老後破産——長寿という悪夢』(新潮社、二〇一五年)は注目すべき現実を報告している。年金生活は、些細なきっかけから破産へと追い込まれる危うさを抱えていることを思い知らされる。また、『週刊東洋経済』は、「下流老人」特集(二〇一五年八月二九日号)や「キレる老人」特集(二〇一六年三月一九日号)と、支えるコミュニティを失った高齢化社会の断面に迫る企画を積み上げており、高齢化の現実について深く考えさせられる。

こうした潜在不安を抱える高齢者、とりわけ中間層から金持ち老人にかけての層、約二七〇〇万人が、金融資産、株式投資に最も敏感な層であり、「とにかく株が上がればめでたい」という心理を潜在させ、アベノミクス的「資産インフレ誘発政策」を支持する傾向を示すのである。結局、アベノミクスの恩恵を受けるのは、資産を保有する高齢者と円安メリットを受ける輸出志向型企業だという構図がはっきりとしてきた。ここから生ずる世代間格差と分配の適正化という問題意識を持たねば、金融政策に過剰に依存して「調整インフレ」を実現しようとする政策は社会構造の歪みを招き、まちがった国へと向かわせるであろう。

本当に深刻なのはこれから来る高齢化社会

日本の社会的意思決定において、高齢化が問題になるのは、現在よりも五年から一〇年先の時代においてであろう。高齢者の貧困化、二極分化がより一層際立つと予想されるからである。つまり、現在四〇歳から六〇歳前後の現役の壮年層が高齢者となる頃の日本において、より一層厳しい格差と貧困が予想されるのである。

この二〇年間の勤労者世帯の可処分所得の動きを視界に入れて試算すると、事態の深刻さがわかる。先述のように日本の勤労者世帯の可処分所得は一九九七年がピークで、年間五九六万円であった。それが二〇一五年には五一二万円と、年間八四万円も実際に手元で使える所得が減少しているのである。ほぼ二〇年間にわたって、サラリーマンの所得は減少基調を続けているということで、現在六〇歳で定年を迎えかけている人は、四〇歳前後の時以来、この基調の中にあるということである。もし可処分所得がピークのままの水準で推移した場合に比べると、二〇年累積で一五〇〇〇万円も所得が圧縮されたことを意味し、消費を切り詰めた部分を配慮しても、約七〇〇〇万円は貯金に振り向けたはずの部分を圧縮し、貯金のないまま高齢者に入っていくということを意味する。

また、これからの定年退職者は、保有株式のキャピタルゲインを期待できないであろうという面も指摘しておきたい。ある証券会社の役員から面白い話を聞いた。「昨年、トヨタを定年退職した高卒の工員の人が、入社以来、自社株保有制度でコツコツと積み上げた保有株式の時価総額が二・五億円になった。同じく、村田製作所の定年退職者の保有自社株の時価総額が五億円になった」というのである。ただし、これは例外的な話で、日経平均株価を考えた場合、一九八九年末(三・九万円)をピークとして、現在の一・七万円でも約六割下落しているわけで、ほとんどのバブル崩壊後に自社株買いに参加してきた人にはキャピタルゲインの恩恵はないといってよかろう。働いている会社への思いに世代間格差が生じる理由はこの辺にあるともいえる。

NHKのドキュメンタリーの描いた「老後破産」が、「老後親子破産」(二〇一六年)へと展開していく背景は、まさにここでいう現役世代の勤労者の貧困化と相関するもので、親の世代の高齢者世帯の二極分化と子供の世代の貧困化が、日本のシルバー・デモクラシーの背景的構図になってくることを視界に入れねばならないであろう。

幸福な高齢化社会の実現へ向けて

人生は欲と道連れであり、高齢者が潜在する経済不安の中から、アベノミクスを支持する心理に至ることもわからなくはない。しかし、歴史の中での高齢者の役割を再考するならば、社会活動の現場で体験を重ねてきた世代として、後から来る世代に道筋をつける知恵を働かせるべきである。とくに、戦後日本の産業化と国際化の現場を支えた世代として、マネーゲームと金融政策では経済社会が空洞化することに厳しい視点を向けるべきではないのか。少なくとも、後から来る勤労者世代の貧困化に目を配らねばならない。

自分の生活だけが安定していればよいというのではなく、高齢者らしい社会への配慮と成熟した知性が問われるのである。三浦展《あつし》が『下流老人と幸福老人——資産がなくても幸福な人 資産があっても不幸な人』(光文社新書、二〇一六年)で描き出しているごとく、「資産がなくても幸福な人」と「資産があっても不幸な人」が存在するのが高齢化社会の実態である。我々は可能な限り幸福な高齢化社会の実現を図るべきで、「多世代共生」「参画」「多元的価値」が幸福老人を増やす鍵であることは確かであろう。高齢者自身が、与えられるのではなく、自分でやるべきこと、やりたいことに向き合うことがまず大切であり、そうした視界からは、日本が「この道しかない」として向かおうとしている方向には静かなる疑問が浮かび上がるはずである。

第5章　二〇一六年の米大統領選挙の深層課題

――民主主義は資本主義を制御できるのか

アメリカの痙攣

アメリカの痙攣《けいれん》（スパズム）を見る思いで、トランプ当選を見つめた。それほどまでに、米国の病は深刻なのだと思う。結局、米国民は「アメリカ・ファースト」（アメリカの利益が第一だ）という自国利害中心主義に還った。

「アメリカ・ファースト」は、二〇〇一年にスタートを切ったブッシュ政権も掲げていた。だが、あの時の「アメリカ・ファースト」は、冷戦後の唯一の超大国となった米国の過信を背景にした尊大な空気が滲み出ていた。「アメリカは例外だ。おれを世界のルールでしばるな」という姿勢が感じられ、ハーグに設立されようとしていた国際刑事裁判所にも参加しないといい、国連の小型兵器輸出制限交渉からも降りると言い出した。冷戦の勝利者として胸をそらす米国の傲慢《ごうまん》さに「不吉な予感」を覚えたものだが、不幸にしてその予感は「9・11」の悲劇として現実のものとなり、逆上したブッシュ政権が「アフガン・イラク戦争」へと迷走し、それが「イラクの失敗」となって世界における米国の指導理念の憔悴《しょうすい》をもたらしたことはまちがいない。

だが、トランプの「アメリカ・ファースト」への呼応は違う。余裕を失った白人貧困層の不満がトランプ現象の震源地であり、ヒラリー失速の主因となった「サンダース現象」の震源地は「格差と貧困」にいらだつ若者たちであった。不満といらだちがトランプを押し出したとすれば、そこには「希望」がない。核心的課題ともいえる「格差と貧困」について、トランプには解答も構想もない。

二〇一六年に行われた選挙（英国のＥＵ離脱をきめた国民投票、米国の大統領選挙、そして日本における参議院選挙）は、「民主主義は資本主義を制御できるのか」という深層課題を炙りだしている。しかも、シルバー・デモクラシーのもつパラドックスさえも突きつけている。

この章の元となった論稿は、米大統領選挙を前にした『世界』二〇一六年一一月号への寄稿だが、選挙結果を見ても深層課題については不変であり、時制の訂正など除きほぼ雑誌掲載のまま収録した。

一点、付記すべきことがあるとすれば、英国のBREXITに対し、四三歳以下の若者の多くが反対したことは「はじめに」と第4章で言及したが、米大統領選挙においても、出口調査などを参考に判断すると、若者の多くは究極の選択の中で、トランプよりもヒラリーに票を入れた。「人種差別」「女性差別」などに関して若者が公正を期す傾向を抱くこと、また、ベトナム戦争以降、「偉大なアメリカ」を共有した体験の乏しい世代にとって、トランプへの違和感がより強いということなのだろう。つまり、ここでも世代間ギャップが際立ち、シルバー・デモクラシーの陰の問題が透けて見えるのである。

シルバー・デモクラシーの究極の選択

何とも色あせた対決となったものである。二〇一六年米大統領選は七〇歳の共和党候補ドナルド・トランプと六九歳の民主党候補ヒラリー・クリントンの戦いとなった。シルバー・デモクラシーの究極の選択になったといえる。高齢ということだけではない。何の新鮮な要素もない不人気な候補者が、二大政党の党内事情で生き延び、お互いの過去を攻撃し合いながら、未来無き選択を国民に迫っているのである。世界とアメリカが直面する問題について、世界のリーダーたるべき国を率いる大統領としてはあまりに未来ビジョンに欠けることは明らかであり、この選択自体が「劣化するアメリカ」を象徴するものである。

英国に代わって米国が世界のリーダーとして台頭した頃のウィルソンの「国際連盟構想」にせよ、戦間期・第二次大戦期のルーズベルトの「ニューディール」や「平和の構想」にせよ、冷戦期に向き合ったケネディの「自由を守る義務」にせよ、次の時代に向けた理念性において、米国を際立たせたが、二人の候補にそうした構想力はない。時代が人を呼ぶのか、人が時代を象徴するのか、これが今のアメリカなのである。

米国の大統領選挙は、その仕組みにおいて、次世代を担う若いリーダーが登場するチャンスを孕んでいる。日本のような議院内閣制は、国民が直接リーダーたる首相を選ぶのではなく代議者の投票で決めるため、どうしても政治のボスが選ばれがちだが、国民が実際上は直接選ぶ米国の大統領制は、議員、州知事、ビジネス・リーダー、社会運動家など、広いジャンルから候補者が登場する。そのため、これまでも「ライジング・サン」型の指導者を創りだしてきた。

ＪＦＫが選ばれた時は四三歳、ビル・クリントン四六歳、オバマも四七歳であった。

しかし二〇一六年大統領選においては、ヒラリーとトランプ、どちらが就任してもこれまでの最高齢、ロナルド・レーガンの六九歳に匹敵する高齢なのである。

二〇一六年米大統領選挙——不毛の選択への視界

ビル・クリントンが米大統領選挙に登場した一九九二年、私はニューヨークでの四年の生活を終え、ワシントンで仕事をしていた。ビル・クリントンは一九四六年生まれで、私にとっても同世代であり、当時アーカンソー州知事であったこの人物に注目し、「冷戦後のアメリカを率いるリーダー」として期待もし、この人物に関する情報を集めた。そして、寄稿したのが

「アメリカの新しい歌――クリントンとは何か」(『文藝春秋』一九九三年八月号)であり、その結末を見る思いで書いたのが「結局、クリントンとは何者だったのか」(『フォーサイト』一九九六年四月号)であった。

調べるほどに、米国のベビーブーマーズ世代の先頭に立つ形で登場してきたこの人物が、思想、信条、哲学を錬磨してきた人物ではなく、「カメレオン型パーソナリティ」と表現する心理学者もいたが、その場に適当に合わせて変容して生きる人物であることに気づいた。「ベトナム徴兵忌避」「フリーセックス(ただれた異性関係)」「ドラッグ(麻薬)」という、この世代のアメリカ人が手を染めたネガティブな話題にはことごとく関与し、巧みな言訳で自己正当化を図る鉄面皮な政治家であった。

だが、この人物は今日でも米国民に嫌われてはいない。笑いながら妻ヒラリーの大統領選挙キャンペーンの横に立っている。モニカ・ルインスキーという研修生とのホワイトハウスでの「不適切な関係」が記憶に残るが、その八年間の任期が「冷戦後のアメリカ」が唯一の超大国として存在しえた期間でもあり、米国人にとって、「9・11」に襲われる前の比較的「幸福な時間」のリーダーという印象があるのかもしれない。

しかし、クリントン政権は、財務長官サマーズ、同次官ガイトナー体制の下に「新自由主義的な政策」を展開、一九九九年には銀行と証券の垣根を設けた「グラス・スティーガル法」(一九三三年制定)を廃止し、ウォール・ストリートによる金融資本主義の肥大化を招き、二〇〇一年の「エンロンの崩壊」、二〇〇八年の「リーマンショック」への伏線を敷いたといってよい。つまり、強欲なウォール・ストリートに拍車をかけた政権であった。

クリントン、ミルケン、トランプ　三人のベビーブーマーズ

ところで、前記の「クリントンとは何者なのか」を問いかけた論稿において、私はビル・クリントンと同じ年生まれの経済人として、トランプとマイケル・ミルケンに論及していた。この二人、同じくウォートン・ビジネススクールを卒業し、トランプはニューヨークのビルの再開発を進める「不動産王」として、片やミルケンはウォール・ストリートの「ジャンクボンドの帝王」として、時代の寵児《ちょうじ》のごとく話題を集めていた。

ミルケンはその後、インサイダー取引で逮捕され、映画『ウォール・ストリート』(二〇一〇年)の主役のモデルとなる運命を辿るが、「金融工学」のフロントランナーとして、ジャンクボンドのような「リスクをマネジメントする新しい金融ビジネスモデル」を生み出した人物であり、マネーゲームを肥大化させた張本人でもあった。一方、トランプは、父の威光の中でニュ

ーヨークのビルの再開発を進める目立ちたがり屋、またスキャンダルまみれの好色家で、とても実業を生きる誠実な事業家とはいえぬ存在であった。

九〇年代初頭、既に時代の最前線に登場していたクリントン、ミルケン、トランプという三人のベビーブーマーズを見つめながら、「この世代にまともな人物はいないのかね」という思いが込み上げてきたものである。あれから二五年、再びアメリカは代わり映えのしない選択肢の中でもがいている。

コインの裏表　ヒラリーとトランプ

ヒラリーとトランプ、この二人もアメリカの戦後なる時代を歩いてきた。第二次大戦の戦勝国として、一九五〇年代の米国は冷戦期の西側のチャンピオンとして「黄金の五〇年代」を謳歌し、幼少年期だったベビーブーマーズは「偉大なアメリカ」へのノスタルジーを感じるはずである。キューバ危機と向き合ったJFKとその暗殺、そしてベトナム戦争で疲弊し、七五年のサイゴン陥落を目撃した青年期、映画『七月四日に生まれて』(一九八九年)ではないが、同世代の友人が戦争に傷つき死んでいったのを体験したはずである。

そして、七九年イラン革命後の中東における迷走、冷戦の終焉と9・11後の混迷と、知見のある米国人ならば、暗転する祖国に深い悲しみを覚えたであろう。こうした時代と並走した心象風景を二人はどこかに内在させているはずである。誠実に向き合ったか否かは別にして。

対照的に見えるトランプとヒラリーだが、戦後アメリカが生み育てた世代という意味で、コインの裏表である。ホームルームにトランプとヒラリーがいるクラスを想定し、その後の二人の人生を想像しながら読み進めてもらえれば、二人の同質性が見えてくるであろう。

ヒラリーは聡明で野心的な上昇志向の女性であり、計画通り高学歴を極め、ローズ奨学金による欧州留学で知り合った青年ビル・クリントンと結婚した。ビル・クリントンの本質を描き出した本として、ジム・ムーアの『クリントン　急ぎ足の青年』(“Clinton: Young Man in a Hurry”, Summit Group、一九九二年)があったが、決して優れた資質を持った人物ではないが、「負け続けても級長選挙に立候補し続ける異様な上昇志向を持つ若者」「恵まれない出自を留学・ロースクールといった金メッキで覆い、一流を装う青年」の実像が描かれている。この乗りの良い危うい青年を操縦し、夫婦の情愛を超えて、クリントンというブランド事業の共同経営者として生きてきたのがヒラリーであった。

トランプは父親の威光と支援でビルの再開発やカジノの経営で「金ピカのアメリカ」を象徴するように生きてきた男であり、人生を貫く価値は「DEAL(取引)」である。はったりで相手をたじろがせ、落としどころで取引するワザが人生だと考えている。思慮も哲学もない反知性的存在なのだが、このトランプが、饒舌《じょうぜつ》なヒラリーとの対比において、率直で本音を語る人物に見える瞬間がある。トランプが大統領候補として台頭した過程を振り返るならば、「民主党はほぼヒラリーが大統領候補になるであろう」という状況が前提として存在していた。ヒラリーに対する国民の不信感、「ヒラリーはうそつきで何かを隠している」という印象に火をつけたのが、トランプの歯に衣着せぬ舌鋒《ぜっぽう》であった。ヒラリーへの拒絶感がトランプを際立たせたともいえ、その意味で二人はコインの裏表なのである。

オバマとは何だったのか　二〇一六年の選択はその結末でもある

オバマ政権の八年が終わろうとしている。オバマ政権は「イラクの失敗」と「リーマンショック」が成立させたといえる。イラク統治の失敗と消耗にいらだっていた米国民は、イラク戦争に反対していたオバマの「イラクからの撤退」という主張を支持した。民主党の大統領候補の座を競っていたヒラリーは「イラク戦争に賛成していた」という事実が、二〇〇八年に彼女を失速させた一因であった。また、直前のリーマンショックの衝撃が「強欲なウォール・ストリートを縛る」というオバマのメッセージが国民の支持を引き付けた。

公約に対し、オバマは一応「やることはやった」ともいえる。「イラクからの撤退」については、二〇一〇年八月に主力部隊の撤退を開始、二〇一一年には訓練部隊を除き全面撤退、結局米国はイラク戦争後、アフガン・イラクで六八八三人の米兵士を死なせイラクを去った。

ただし、アフガニスタンについては二〇〇九年一二月に三万人の増派を余儀なくされ、「オバマのベトナム」といわれるほど泥沼に引きずり込まれ続けたが、二〇一二年以降は順次撤退開始、中東における米国の軍事プレゼンスは、石油権益を持つ湾岸産油国を除き、大きく後退した。それが、イラクのスンニ派過激勢力を起点とするＩＳＩＳ（イスラム国）なる存在を生み、シリアの混乱、そしてイスラム・ジハード主義者によるテロの拡散を誘発し、米国民の不安といらだちは増幅されるばかりである。『アトランティック』誌は二〇一六年九月号において、9・11以来の米国の「ホームランド・セキュリティ」のための費用が一兆ドルに達したという特集を組んだ。

「ウォール・ストリートを縛る」という公約についても、オバマは何もしなかったわけではない。二〇一〇年七月に「金融危機の再発を防ぐ」として「金融規制改革法」を成立させ、「監督体制強化、機動的破綻処理、高リスク取引の制限、ヘッジファンドの透明性向上」など一定の方向付けを行った。一九八〇年代からの金融市場の競争促進（自由化）で動いてきた米国の政策転換との見方もあったが、したたかなウォール・ストリートにとっては「ザル法」にすぎず、その後の経緯をみても、FinTech（ICTを使った新たな金融サービス）なる言葉に象徴されるごとく、情報技術（ICT）革命の成果を金融に取り入れた複雑怪奇な「ルール不在の領域」が増殖しており、マネーゲームの制限は中途半端なものに留まってしまった。

オバマの八年の最終局面における米国経済は堅調を維持している。リーマンショック後、二〇〇九年に前年比▲二・八％に落ち込んでいた米国の実質GDP成長率は二〇一〇年代に入って堅調に転じ、二〇一四年からは二年連続で二・四％成長を達成、二〇一六年も二％台の成長が見込まれている。先進国の中では際立って高い成長軌道にあり、リーマン後、一〇％を超していた失業率も四・九％（八月）と、大きく改善した。金融政策も引き締めを模索する段階に至り、量的緩和政策第三弾（QE3）も二〇一四年一〇月に終わらせ、政策金利も二〇一五年一二月に〇・二五％引き上げ、年内にさらなる引き上げを探る段階を迎えている。

しかしながら、米国経済の好転をオバマ政権の成果とする認識は米国民の中にはない。何故か。米国経済好転の要因は、大きく二つある。

一つは化石燃料革命であり、北米大陸の足元から「シェールガス」といわれる天然ガスや「シェールオイル」といわれる原油が生産されることで、米国が二〇一四年から世界一の原油・天然ガスの生産国になったということである。このところ生産過剰で価格の軟化を招き、米経済の不安定要素にさえなっているが、基本的には化石燃料の増産は米国の追い風要素として機能してきた。このことは、「再生可能エネルギー重視」「グリーンニューディール」といってスタートを切ったオバマ政権にとっては、まことに皮肉な話である。

もう一つは、ＩoＴ（モノのインターネット）といわれる情報技術革命の新局面であり、米国経済・産業活動のあらゆる局面において、ビッグデータ時代を迎えた情報技術革命の成果が浸透し、効率化と生産性向上に機能しているという要素である。確かに、米国の企業活動の現場を見ると、ネットワーク情報技術革命の浸透を実感するし、自動車社会を「所有から共有に」変えるウーバー（スマートフォンを使った配車サービス）のような、新しいビジネスモデルが生まれつつあることもわかる。

高まる貧困率——米国民のいらだちの背景

だが、マクロ経済指標の好転にもかかわらず、米国民のいらだちの背景にある構造にも気づかざるをえない。注目すべきは「貧困率」の高まりである。米国には「貧困率」という統計があり、たとえば二〇一四年の場合、四人家族で年収二・四万ドル（日本円で二六〇万円）以下の家

表　米国の貧困率

※2014年の基準：(4人家族の場合)年収2万4230ドル以下

	2000年	2004年	2008年	2014年
米国全体	11.3%	12.7%	13.2%	14.8%
白人	9.5%	10.6%	11.2%	12.7%
黒人	22.5%	24.7%	24.7%	26.2%
ヒスパニック	21.5%	21.9%	23.2%	23.6%
アジア系	9.9%	9.8%	11.8%	12.0%

（出所）：米国・国勢調査局

計を貧困とするという指標が存在する。資料のごとく、二一世紀に入って貧困率は、二〇〇〇年の一一・三％から二〇一四年には一四・八％にまで上昇しており、とくに白人の貧困率が増えているのが分かる。この「プアー・ホワイト」がトランプに心動かされるトランプ現象の震源地になっているのである。

堅調な景気回復にもかかわらず、何故「貧困率」が高まり続けているのか。確かに、景気拡大に伴い雇用環境もよくなり、前述のごとく失業率も低下しているのだが、ＩｏＴ時代のパラドックスというべきか、雇用の量ではなく質が問題なのである。

つまり、増えている仕事は、俗にいう「バッドジョブ」、つまり付加価値の低い単純労働であり、資源開発、素材供給、生産、流通、販売などのあらゆる局面でネットワーク情報技術が活用され、「雇用なき景気回復」、正確に言えば「高付加価値の仕事を増やさない経済成長」が進行しているといえる。したがって、米国においては、金融経済の肥大化がもたらす格差の深刻化と、雇用の質の劣化による貧困率の高まりが同時進行する事態を生じており、それが国民の不安と不満を掻き立てているといえる。

オバマがやろうとしたことは、「核なき世界」の実現、「オバマ・ケア」と言われた健康保険制度の充実などを含め歴史的挑戦であった。だが、ベトナム戦争後に登場したジミー・カーターが「癒しの大統領」といわれたごとく、イラク戦争後が生んだ黒人初の大統領は「いい人」なんだけれど、「きれいごと」と「建前論」の繰り返しで、米国の世界における主導力を失わせた「弱腰な指導者」というイメージが米国民の中にできあがっているといえる。「偉大なアメリカ」という表現が大統領選で飛び交うのも、強い豊かなアメリカへの郷愁が甦るのであろう。

本質的課題——民主主義による資本主義の制御

この夏、米外交問題評議会（CFR）が発行する『フォーリン・アフェアーズ』誌二〇一六年八月号に載ったブラウン大学のマーク・ブリウスによる論文「危機の資本主義——もはや民主主義では資本主義を制御できない」には考えさせられた。政治経済学の常識では、資本主義は

「市場を通じた資源配分」、すなわち市場による自律調整を原則とする。そして、民主主義は「投票を通じて権力配分」、民意に基づく価値の配分を正当なものとする。さらに、民主政治は利潤追求のみに向かいかねない資本主義に対して制動をかけてきた。この民主主義と資本主義の緊張関係のバランスが、近現代史の主題でもあった。

とくに、第二次大戦後は社会主義陣営との対立を横目に、労働法、社会保障、金融規制など、行き過ぎた資本の論理を制御する制度の導入が国民の意思として選択されるなど、民主主義は一定以上に機能してきたといえる。

ところが、一九八〇年代から冷戦の終焉以降、「新自由主義」の名による規制緩和とグローバル競争の加速の中で、金融資本が肥大化して優位性を高め、リーマンショックのような金融破綻が起こっても、政府介入による資本の救済が行われるなど、歪んだ資本主義へと傾斜していった。資本の圧力による景気浮揚のための「債務(赤字財政)を前提とする政府」、超低金利下での消費刺激がもたらした「ローンまみれの民衆」など、資本主義を構成する主体はすっかり歪んでしまい、健全な経済社会へと制動をかける力を失ったかにみえる。

こうした問題意識と資本主義の総本山たる米国の今回の大統領選挙を重ねると、ことの本質が見えてくる。皮肉なことにトランプとヒラリー双方の政策が一致している点を注目したい。

実は、二人ともオバマが進めてきたＴＰＰに対しては見直しか反対であった。また、証券と金融の垣根を作るグラス・スティーガル法の復活を掲げ、「金融規制強化」に踏み込むことを主張した。つまり、新自由主義からの決別を語ったのである。市場原理を泳いで生きてきたトランプやウォール・ストリートを友としてきたヒラリーがどこまで本気かは別にして、サンダース支持者や白人貧困者を取り込むには有効な政策と判断したのであろう。つまり、「資本主義改革」(格差と既得権益の解消)に触れざるをえないほど、資本主義の変質は深刻であり、米国の民主主義が機能するかどうかの試金石ともいえる注目点なのである。

「経済の金融化」が進む二一世紀資本主義の変質と民主政治に齟齬《そご》が生じ、「格差と貧困」を増幅させていることは、欧州においても政治の中心課題に浮上しており、BREXIT後の英国を率いることになったメイ首相も、就任演説以来「資本主義改革」を強調している。英国も、唯一のバイタル産業が一・六㎞四方のシティ(ロンドン金融街)に集積する金融となり、ウォール・ストリートと並んでFinTechとタックスヘイブンを駆使する金融資本主義の居城を抱えている。BREXITの陰で、金融規制を嫌うシティの意思、とりわけシャドーバンク系の意思が働いたことは確かで、メイ首相の「資本主義改革」も本質に切り込むことは容易ではない。

今や地球全体のＧＤＰ、つまり実体経済の四倍を超すところにまで肥大化した金融資産(銀行の与信、債券・証券市場の総額)、ICTで武装した金融工学の進化によって制御不能とさえ思われるマネーゲームの自己増殖を、いかに人間社会のあるべき仕組みにおいてコントロールできるのか、それこそが「格差と貧困」を克服する起点であり、新しい公正な政策科学が求められているのである。EU一〇カ国が進めている「金融取引税」の導入など、国際連帯税の動きが重要になるであろう。

資本主義改革を自覚できない日本

おそらく、この「資本主義改革」という世界的テーマがまったく自覚できていないのが日本であろう。

日本は米国が採用する経済政策の川下に置かれてきた。今世紀に入って、米国の「新自由主義的潮流」を受けて、小泉政権の「規制緩和」、とりわけ「郵政民営化が本丸」という小泉改革に邁進《まいしん》し、「新自由主義のエピゴーネン」のような経済学者が跋扈していた。ところが、二〇〇八年に強欲なウォール・ストリートの金融工学がもたらしたリーマンショックが起こり、政府主導の金融危機の回避に動くと、日本政府は緊急避難的政策であった米FRBの超金融緩和策(量的緩和とゼロ金利)を「デフレからの脱却」という目的に置き換え、政府主導の下に日銀が「異次元金融緩和」に踏み込んだのである。第一の矢「異次元金融緩和」と第二の矢「財政出動」で景気はよくなるという「リフレ経済学」が機能しないということは、二〇一四年から三年間の日本の実質成長率がゼロ成長軌道を低迷していることが証明している。

異次元緩和はエスカレートし、日銀のマネタリーベースは二〇一六年七月末残高には四〇四兆円と、二〇一二年比で四倍近くにまで拡大、名目GDPの七割超という異常な金融肥大化状況をもたらしている。欧米も金融緩和基調にあるが、二割程度である。さらに、マイナス金利にまで踏み込み、金融秩序の動揺を招いている。産業活動や家計消費など実体経済は動かず、金融政策に過剰依存した経済政策が展開されているのである。

国家資本主義が健全な市場機能を損なう

にもかかわらず、あたかも「株価を上げる政治がよい政治」であるかのごとく時代が動いている。第4章「二〇一六年参議院選挙におけるシルバー・デモクラシーの現実――なぜ高齢者はアベノミクスを支持するのか」において、私は日本の高齢者がアベノミクスに拍手を送る構造を解析した。金融資産の保有状況をみると、貯蓄の五八％、有価証券の七二％は六〇歳以上の世帯によって保有されている。貯蓄が、マイナス金利を受けて、一切の利息を生まない状況となり、年金だけでは手元が苦しくなってきた高齢者にとって、保有する株が上がることへの関心は尋常ではなく、「株を上げること」につながる政策誘導を支持する心理がアベノミクスに向かうという論旨であった。

政府主導の金融緩和だけでなく、公的マネーを突っ込んでも株価を支える方向に向かい、GPIFと日銀のETF買いだけで、実に三九兆円(一六年三月末)もの額を直接日本株に投入しているのである。その結果、『日経新聞』が二〇一六年八月末に報じた如く、上場企業の四分の一の筆頭株主が「公的マネー」という事態が生じており、国家資本主義ともいえる様相を呈しており、健全な市場機能が急速に失われているといえる。

アベノミクスに入り三年間は外国人投資家の買い越し(ピーク時累計で二一兆円)が日経平均を二・一万円に押し上げたが、二〇一六年に入って八兆円の売越しとなり、代わって公的マネーの投入でなんとか一・六万円台を維持しているが、三九兆円の公的マネーの投入がなければ、日経平均は既に一・二万円を割り込んでいるであろう。株価の維持が政権基盤となり、安易に株価を上げる政策だけに誘惑を感じるという高齢者心理で政治が動くという現実を噛み締める必要がある。二〇一六年のシルバー川柳の入選作に「金よりも大事なものが無い老後」という作品があったが、笑えない現実が滲み出ている。

日本のような産業国家は、「経済の金融化」に振り回されることを極力避けねばならない。マネーゲームを抑制し財政を健全化し、技術を重視する産業政策をもって実体経済に地平を拓かねばならない。世界が「資本主義改革」を俎上《そじょう》に載せざるをえなくなった今、日本こそ議論の先頭に立たねばならないはずだ。これは、日本のシルバー・デモクラシーにとって真正面の課題である。

第6章　シルバー・デモクラシーの地平
——結論はまだ見えない、参加型高齢化社会への構想力

ポピュリズムの嵐の中で

民主主義の旗色が悪い。二〇一六年を振り返ってみても、民主主義の有効性に懐疑的とならざるをえないような二つの世界史的な出来事が起こった。英国のEU離脱を巡る国民投票と米国の大統領選挙である。どちらも「民主国家における民主主義的な手続きの行使」であった。そして、第4章で論及した日本における二〇一六年参議院選挙もまた、民主主義の手続きを経た選択であった。しかし、多様な見方もあるだろうが、あるべき意思決定のあり方として有効に機能しているのかということになると、疑念がわき上がることも否定できない。

いま、「反知性主義的なポピュリズムの跋扈」、民主主義において生じる「衆愚的政治状況」を指摘する議論は枚挙にいとまがないし、「一向に物事の本質に迫らないメディア状況」にいらだち、真っ当な理性と知性を持つ人が、反民主主義的な議論に説得力を感じて引き寄せられていくことも、状況としては理解しないわけではない。しかし、民主主義を冷笑し、嫌悪する論調は、オルテガ・イ・ガセットのいう「大衆の反逆」への感情的反発に終わり、結局は国家主義や全体主義の応援歌に使われていくであろう。我々はそのことを歴史から学び取り、自戒しなければならない。

ポピュリズムはファシズムではない。大衆迎合主義と訳されるから、大衆、民衆の嗜好や価値にすり寄るイメージがあるが、決して民衆に敬意を抱いているわけではなく、むしろ民衆を蔑視し、利用する意図が潜在している思潮といえる。耳に心地良い単純なメッセージに民衆が呼応しているうちに、混迷を助長していらだち、結局は統合に解答を求めるに至り、ファシズムの揺り籠になる可能性があることに気づかねばならない。二〇世紀初頭から第二次大戦にかけて、民主主義は機能せず、ファシズムの台頭を招いた。ワイマール共和国がヒトラーを生み出したように、ファシズムの芽を制御できなかった。今日、進行し始めている事態は、悪夢再びの予兆となりかねない。

我々戦後世代に課せられている役割は、戦後を生きた日本人として民主主義というものを確実に根付かせることであり、また、それをどうやって有効に機能させるかについて、真剣かつ行動的でなければならない。こうした思いを持って、この本のまとめとしたい。

異次元の高齢化の重さ

最終章の議論の前提として確認しておくべきことがある。それは、異次元の高齢化が進む日本の現実である。図1を注視してほしい。「はじめに」や第3章でも触れたように、いまから

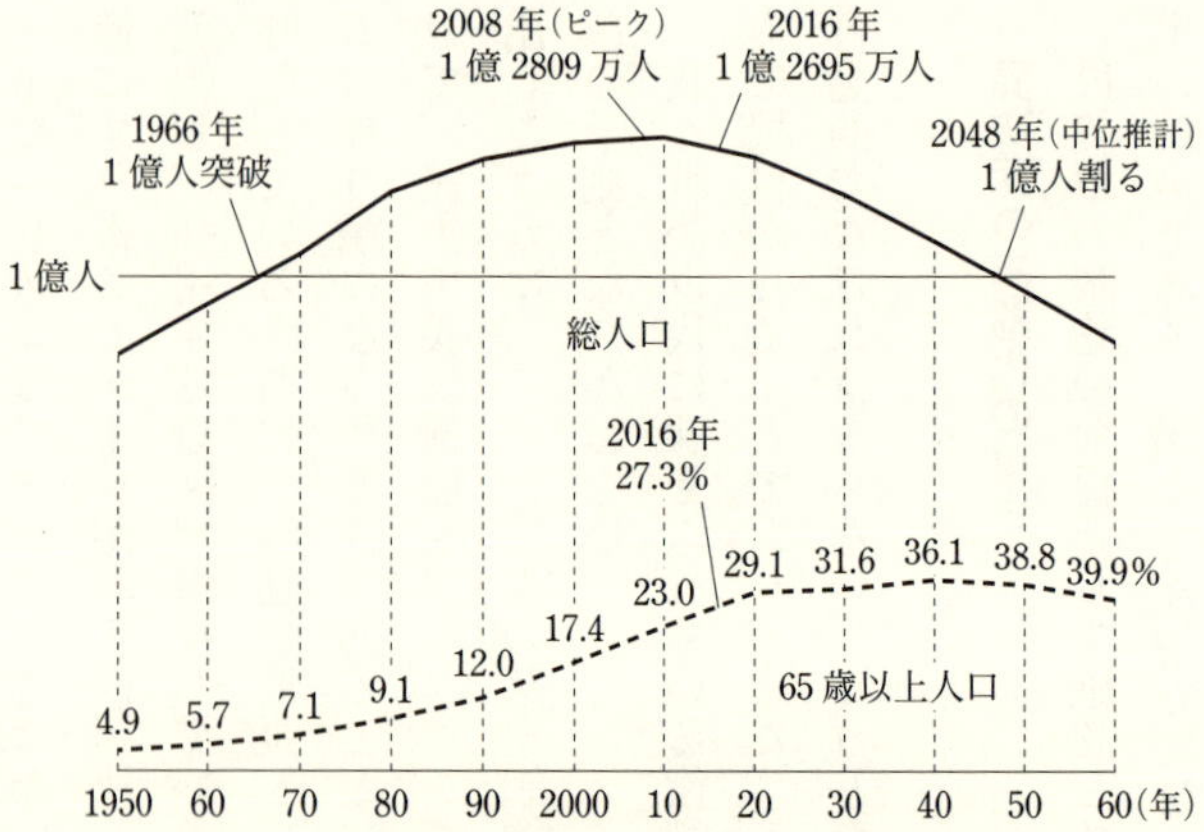

図1　日本の総人口・65歳以上人口の割合の推移

(出所)：2015年までは総務省「国勢調査」
2020年以降は国立社会保障・人口問題研究所「日本の将来推計人口(平成24年1月推計)」の出生中位・死亡中位仮定による推計

五〇年前の一九六六年、我々が高校を卒業し大学に入学する頃に日本の人口は一億人を超した。それから日本の人口は二〇〇八年に一・二八億人でピークアウトし、すでに二〇一五年の段階で一〇〇万人以上も減少、いわば一〇〇万都市が一つ消滅したというほどの人口減段階に入った。二〇四〇年代後半にはまちがいなく一億人を割るだろうと言われており、さらに今から五〇年後の二〇六五年には、九〇〇〇万人を割って、八七〇〇万人になるという予測が出ている。

しかも、先述のごとく、これは単に元の木阿弥で一億人がまた一億人に戻るという話ではない。一九六六年、一億人を超えた時に七％弱だった六五歳以上の比重が、二〇四〇年には四割に迫るということである。一億人における高齢者人口が七〇〇〇万人足らずという時代と、四〇〇〇万人の時代とでは、まったく質が違う。高齢者人口が四〇〇〇万人に及ぶという状況の入口にさしかかったいま、その責任世代として団塊の世代が自らを見つめ直す議論がきわめて重要になってくる。

この本でも再三指摘してきたように、人口の四割を高齢者が占めるということは、有権者人口の五割、また若者の投票率が低いままだと、有効投票の六割を占めるということを意味する。社会的意思決定への高齢者の影響がきわめて重大になってくることは明らかである。冒頭から繰り返している「老人の、老人による、老人のための政治」が、苦笑いだけでは済まされない状況に我々は向き合っていかなければいけない。

こだわるべき問題意識

異次元の高齢化に向き合う責任意識として、少なくとも後代負担を押し付けて去るというようなことを、我々は避けなければいけない。高齢化が後代へのコストと重圧にならないような高齢化社会、つまり、高齢者が参加し、少しでも貢献するような仕組みを模索し、切り開いていかなければならないのである。よく言われるように、国民医療費の総額がすでに四〇兆円を超して、その六割が高齢者によって使われているわけであるが、健康年齢、健康寿命を伸ばし、病気にならない生き方を支えるプラットフォームを社会的に創造していくことが重要になるであろう。

次に、戦後民主主義を空洞化させないために何をなしうるかという問題意識を研ぎ澄ますことである。まさに第2章に収録した一九八〇年の論稿「われら戦後世代の『坂の上の雲』」において、団塊の世代の一つの個性、特色として、私自身が見つめていたのが「経済主義への傾斜」と「ミーイズムという私生活主義」であるが、これらの行き着いた先が、「株高・マネーゲーム資本主義」に対する拍手ということに終わるならば、あまりにも悲しい自己保身であり、生活保守主義への堕落ではないだろうか。

「戦後」なる日本を虚心に見つめ直してみる必要がある。「戦後」日本は、とにかく産業力、工業生産力を重視して、国際分業論に正当性を感じて農業を安楽死させた。つまり、カネは産業によって稼いで、食べ物は海外から買おうという国を作ったのである。さらに冷戦後の世界経済における金融の肥大化の潮流に乗って、金融への依存を高め、現在の「株が上がれば結構」というようなマネーゲーム資本主義への傾斜が進行した。こうした「戦後」なる時代がもたらしたものを、もう一回筋道立てて再考してみたい。その中から、戦後民主主義の地平を拓く構想が見えてくるはずである。

1　「都市新中間層の高齢化」という核心的問題

何が変わったのか――高齢者となった都市新中間層

一九八〇年の論稿から三五年、八〇年代末のバブル期、そして冷戦の終焉とバブルの崩壊を経て、一九九〇年代以降の日本は、「失われた二〇年」といわれる経済の低迷期に入った。結局、この間、日本の社会構造はどう変わったのか。八〇年論稿はどこまで正鵠《せいこく》を射ていたのか。戦後生まれ世代が中核を形成した都市新中間層なるものがどうなったのか、現時点での事実確認をしっかりと踏み固めておきたい。

第2章に収録した論稿では、今となっては懐かしい「ニューファミリー」を論じているが、核家族化が日本をどう変えるかという視点に立っていた。そして、暗黙の期待感として、都市新中間層こそ戦後民主主義の担い手になるのではという思いが存在していたともいえる。田舎の農村社会的しがらみから解放され、一定の豊かさを手にして労働者階級意識からも距離を取り始めたこの階層が民主主義の基盤である「市民社会」を形成していくのではないか、という認識であった。だが高齢化した戦後世代が見せているのは、残念ながらとても民主主義の担い手といえる状況ではない。

そして、戦後世代が発信したライフスタイルについて、「やさしさの時代」「柔らかい個人主義の誕生」などという言葉もあったが、それが何に帰結したのかといえば、とても「やさしさ＝他者への配慮」などといった余裕のある精神状況ではない。結局、時間の経過とともに、ニューファミリーもやさしさの時代も貧血状態になっているのではないかという思いがある。

立教大学教授（現名誉教授）だった社会学者栗原彬に『やさしさのゆくえ＝現代青年論』（筑摩書房、一九八一年）という著書があった。「対抗価値として時代を切り裂き、生き方として共有された『やさしさ』」を抱えて生きる当時の現代青年はどうなるのかを考察した論稿集で、若者の「モラトリアム的傾向」（責任ある関与をためらう態度保留型の傾向）や「ニューファミリー」といわれた核家族のもつ虚弱さなど、「やさしさの虚構性」をかなり的確に予見していたといえる。

我々の世代が残した「グループサウンズ」「フォークソング」「ニューミュージック」といわれるものを聞き返すと、気恥ずかしくなるような「やさしさ」のためらいもない表象が満ち溢れており、それまでの日本人にはない心象風景がそこにはある。「花の首飾り」をささげる男、

「ただ貴方のやさしさが怖かった」と同棲生活を思い出す女、そして「君を南のサンゴ礁の海に連れ去りたい」といった私小説的世界への埋没であった。それが許される時代環境を生きた「戦争を知らない子供たち」だったということである。

そして、「ニューファミリー」も「戦争を知らない子供たち」も年齢を重ね、高齢者になった。あの頃、「新しい」と思えたものはどうなったのか。私が「都市新中間層」の高齢化こそ、日本の高齢化社会の核心的問題と考える問題意識はそこに始まる。「田舎の高齢化と都会の高齢化は違う」ことを注視するならば、問題の本質が見えてくる。二一世紀の日本社会が抱える高齢化社会の課題は、戦後日本が都市に集積させた都市新中間層の高齢化なのである。

問題は都会の高齢者である

私は、一般財団法人日本総合研究所を率いる中で、二〇一三年以来三回にわたって『全四七都道府県幸福度ランキング』（東洋経済新報社）を監修し、その分析にあたって問題意識を次のように述べた。

「高齢化社会の分析をしていて最も気になっている点が、都会の高齢化と田舎の高齢化は違うということである。田舎には田舎なりの強みがあることに気がつかなければならない。至近距離に第一次産業があることである。今までは、農業や水産業などを中心とする地域は、第二次産業が劣後しているために何か出遅れている感覚があったが、超高齢化社会にあっては、宝の山が眠っている状態であることに気づかなければならない。つまり、体力・気力に応じて、高齢者が貢献を実感できる産業基盤が身近にあるということである」

たとえば県民幸福度において上位ランクに出てくる北陸三県や長野県における高齢化社会の実情をじっくり見つめて、つくづく思うのは、田舎の高齢化社会はまだ制御可能であり、高齢者が幸福を実感できる社会を形成できる可能性が高いということである。その理由は、高齢者が参画できる手だてとしての土台、インフラとしての第一次産業が生活の至近距離にあるということであり、それが高齢化社会の質を変えるということである。

産業構造は家族構成にも投影する。農業を抱える田舎ほど「一人暮らし老人の比率」が低い。もちろん、大家族、何世代にもわたって住んでいることが幸せとは単純には言えないが、多くの世代にまたがる家族の中で暮らしている高齢者が、体力・気力に応じて、裏山の柴刈り、田畑の草むしりでも何でもいいが、自分も家族の一員として生活に参加し、貢献しているという手応えを感じられることは、精神的に充実した歳の取り方ができるということであろう。

一方で、都会の高齢化は容易ならざる問題を顕在化させつつある。八〇年論稿の主役とした都市新中間層、つまり都市近郊型の団地、ニュータウン、マンションなどに人口を集積させて産業化を進めたためにつくり出された存在が、いま急速に高齢化し、それらの人たちの精神状況、社会心理が、これからの日本のシルバー・デモクラシーの性格を決めかねないような重要な要素になってきている。

サラリーマンとして企業・団体・官庁などで働き、つまり機能集団としてのゲゼルシャフトに帰属していた人生を送ってきた人たちは、ひとたびそこから去ったら、多くの場合、もはややることがないのである。若い頃から帰属組織の外で自分自身の関心領域でのネットワークを構築したり、自分の生活基盤の中でコミュニティをつくってきた人は、めったにいない。特にこれまでの日本のサラリーマンは組織への帰属意識が強く、「うちの会社」意識にのめりこんできた。ベッドタウンの名の通り、都市郊外の住居空間というのは、ほぼ寝に帰るだけの場所だったのである。一時間以上の通勤ラッシュに耐え、ヘトヘトになりながら人生を送り、定年退職を迎えたとき、その住居空間には多くの場合、近隣の友人も、そしてやるべきことも何も残っていない。ニューファミリーと言っていた家族も、子供は卒業・就職して家を出ていき、夫婦二人か単身の自分しかなく、社会との接点を急速に失い始める。

この社会的に孤立化しかねない高齢化した都市新中間層の社会心理が、時代を動かすマグマとなって蓄積されつつあるといえる。

2　団地の時代といわれた六〇~七〇年代

国道一六号線という視点

首都圏を例として、都市新中間層を生み出した事情を振り返っておきたい。戦後日本が作り出した状況のシンボルとして、「国道一六号線」というキーワードが挙げられる。東京近郊をベルトのように取り巻く道路が国道一六号線だが、戦後の復興から高度成長期にかけてこの一六号線沿いに約一〇万戸の公団住宅が建設された。「団地の時代」の到来である。あの頃、東京に就職したサラリーマンが、結婚して家でも持とうかという状況になった時の憧れは、公団住宅に当たることであった。公団住宅に入れるというのはプラチナチケットだったのである。

図2をみてもらいたい。日本住宅公団(現都市再生機構)は一九五五年に設立され、住宅に困窮する都市圏の勤労者に住宅を供給した。千葉では豊四季台、常盤平、米本など、埼玉で言えば三郷《みさと》、武里、草加など、また神奈川方面では町田、相模台などの団地群を次々と作り上げたのである。多摩ニュータウンは一九七一年にできているが、国道一六号線沿いだけでも一〇万

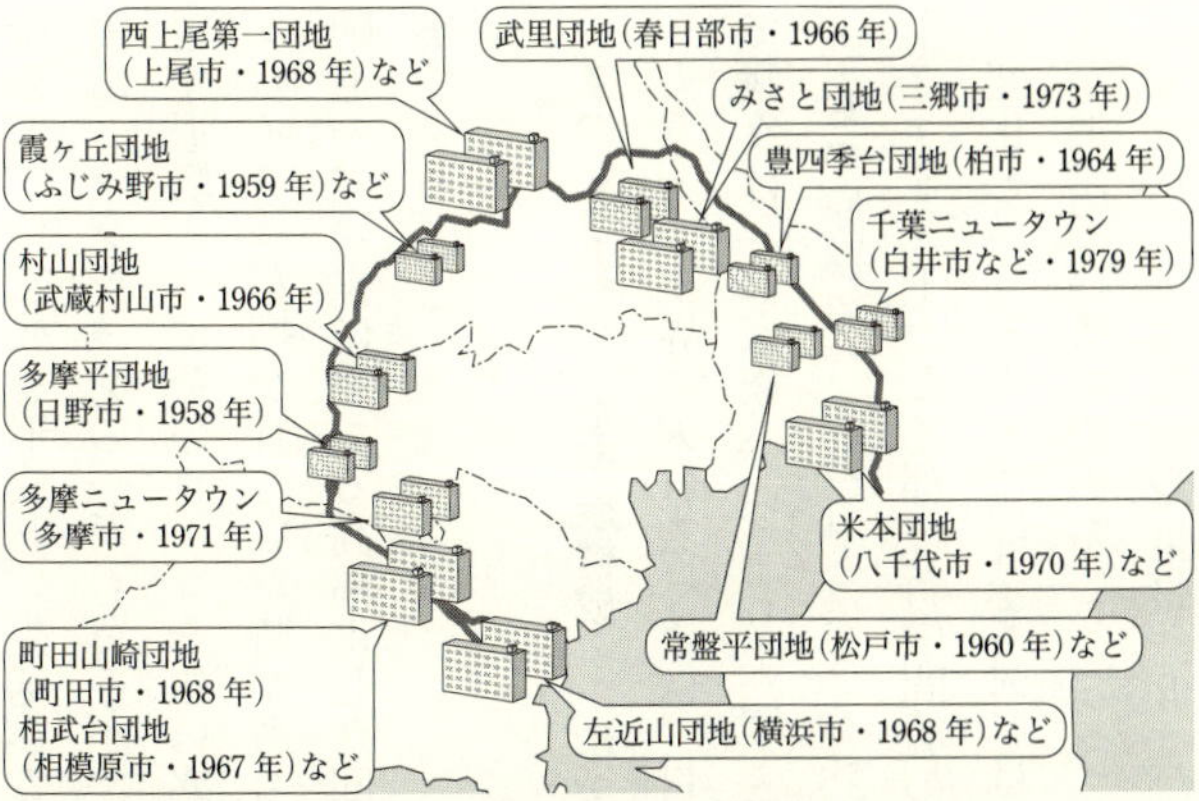

図2　国道16号沿いの団地

総戸数：約10万戸
※1950〜70年代に建設された国道16号沿いの主な団地を抽出

戸、約四〇万人規模の大型団地、公団住居空間が作られた。一九八五年時点で、住宅公団は首都圏で三五万戸、約一二〇万人、関西圏で一九万戸、約七〇万人を収容する公団住宅を作り、戦後日本を走った。それこそが第2章の八〇年論稿における都市新中間層の住居だった。

『団地の時代』(新潮選書、二〇一〇年)という本は、東京郊外の団地で少年期を過ごした原武史と、地方都市の社宅に住んだ重松清という一九六〇年代前半生まれの二人の「団地の時代」の体験を総括した興味深い本である。その中に「団地は社会主義、ニュータウンは資本主義」という非常に印象的な表現がある。団地に入居できることが、都市労働者の憧れだった頃、なんとか抽選で入居が当たって若夫婦二人で住み始めて、核家族を形成し、生活が安定してきて子供が大きくなっていく中で、銀行でローンを組んでマンションの一戸も買うか、ニュータウンでひょっとしたら一戸建ての家でも建てて、定年退職までにそのローンを払い終えていれば成功モデルの雛型といった、サラリーマンライフサイクルが描かれていた時がある。そしていま直面しているのは、まさにその結末として、国道一六号線に連なる高齢化した団地とニュータウンとマンション群が存在しているという現実である。

すっかり変わった家族構成——核家族という幻想

もう一つ視界に入れるべきは、日本における家族の形の変化、世帯構造の変化である。かつて我々は「核家族」、つまり夫婦と子供という家族構成を「ニューファミリー」と位置づけ、「幸せの原風景」であるというイメージを描いた。老人世代から干渉されない自立した「ニューファミリー」こそ都市新中間層の理念形であった。しかし、あれから三五年経った世帯構造の変化というデータ(図3)を見れば、その想定は崩れたことに気づく。ものすごい勢いで単身化が進んでいるのである。

一九八〇年には単身世帯一九・八%、母子・父子世帯五・七%、夫婦のみ世帯一二・五%＝合

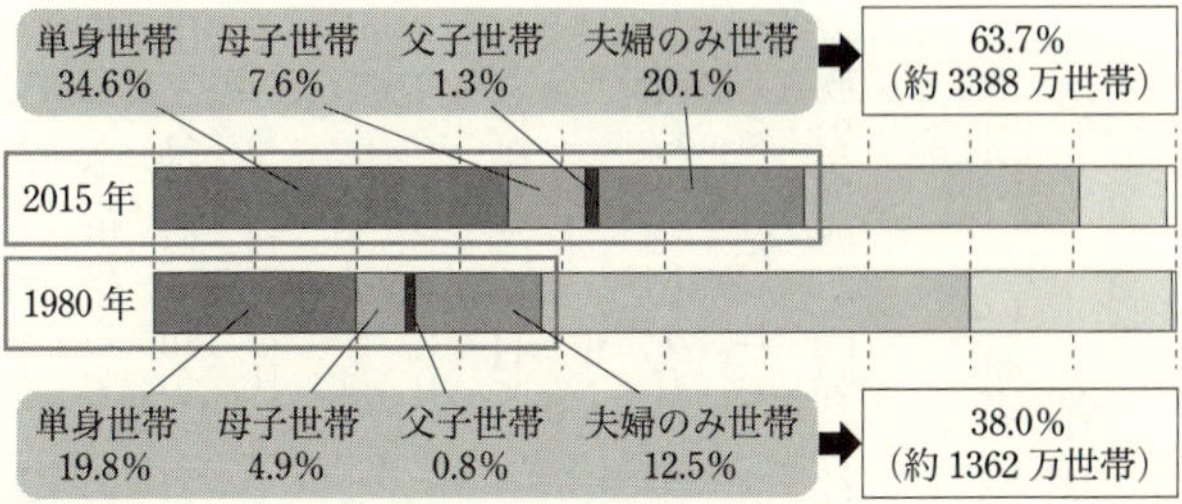

図3　世帯構造の変化

（出所）総務省統計局「国勢調査」

計三八・〇％（一三六二万世帯）であったものが、二〇一五年には単身三四・六％、母子・父子世帯八・九％、夫婦のみ世帯二〇・一％＝合計六三・七％（三三八八万世帯）となっている。母子・父子世帯と夫婦のみ世帯は、時間の経過とともに単身化することが予想される世帯である。つまり、単身者予備軍であり、二〇三〇年には単身世帯が四割を超し、五割に迫るであろう。

私が八〇年論稿で言及した「核家族化」はその後確かに進んだのだが、都会の「ニューファミリー」は高齢化し、構造は歪んだ。核家族の中核ともいえる「両親と子供」という世帯は減り、単身者の急増、母子・父子世帯の増加、夫婦のみ世帯の増加という事態が進行した。三世代同居世帯など、大都市の住環境、および世帯主の仕事から無理で、田舎に両親を置いて上京し、築いたはずの核家族もバラバラとなり、世代間の分離が進行したのである。

これには新しい概念が必要であろう。核家族から、無家族化とでもいうべきか、問題は単身者だけではない。実体的無家族化である。なぜならば、母子世帯も父子世帯も夫婦のみ世帯も、やがて時間の経過とともに単身化する構造なのである。単身化する構造に向かう家族構成に急速に傾いていっており、しかもそれが常態化しつつあるわけで、もう特殊な状況ではない。人口の六割が単身化することがあたりまえであり、現実問題として、家族がいようがいまいが心の中は無家族などという人はいくらでもいるのである。

ニューファミリーの幻想は霧消した。第4章で議論してきた高齢者破産にしても、もはや『老後破産』(NHKスペシャル取材班、新潮社、二〇一五年)だけではなく、『老後親子破産』(同、講談社、二〇一六年)という本が出版されたが、団塊の世代も苦しいけれども団塊ジュニアはもっと苦しい。しかも、親の面倒を見られるような余裕のある四〇代などなかなかいないのが現実である。結局ニューファミリーの進化形というのはまったく見られなくなり、現実問題として、家族の構成が高齢化社会の性格を特色づけている。

3　高齢者の社会参画という社会工学的構想
——都市新中間層の農村交流

「民主主義の落とし穴」にはまらないために

いまタイムカプセルを開くような思いで八〇年論稿を読んでみると、さまざまな問題点を抽出しつつも、私自身が都市新中間層に対して、デモクラシーを担い得る層としての期待を抱いていたことに気づく。英国のジェントリーといわれた中間階層がピューリタン革命の担い手となっていったように、経済的にも自立し、自尊心を持った層が登場して初めてデモクラシーの基盤ができることは、世界史を見ても明らかである。まだ冷戦期にあった一九八〇年当時、「保守」対「革新」という構図がある中で、田舎は旧来の農村型社会がまだ残っていて既存の権益に誘導されがちだが、新たに誕生した都市新中間層は、経済的にも安定し自立した存在として、日本における戦後民主主義を主体的に担っていくのではないかという期待を抱いていたのであった。

ところが、三五年が経過した現状を虚心に見つめれば、異次元の高齢化の中で、拠り所だった核家族すら解体に向かっているという状況にあることは前節までに詳述した。一言で言い切ってしまうならば、戦後日本は結局のところ、産業化を担ったサラリーマン退役組の膨大な単身世帯を、都市の郊外のコンクリート空間に収容するような社会構造を作ってしまったのである。

いま求められているのは、これらの層の新たな「社会参画への構想」である。わかりやすく言うと、高齢化し単身化している都市新中間層を、再び社会的な接点を拡大して、経済的にも精神的にも安定した主体にしていく構想である。これまで企業というゲゼルシャフトにしか参加してこなかった大部分の都市新中間層を包摂する社会参画の構想がないままでは、この層は社会不安の潜在要因になってしまうであろう。第4章で述べたように、かつての都市新中間層は高齢化し、二極分化している。持たざる層はいよいよ貧困化し、多少とも持てる層はひたすら株価の上昇を願ってマネーゲーム政策に暗黙の支持をしてしまうといった状態を放置して、社会的な意思決定に参加するとしたら、この層が次元の低い意思決定を支えるという民主主義の落とし穴にはまってしまいかねない。支える側に立って、充実した老後、社会参画の実感を持った老後というものを、新しい発想で組み立て直さなければいけないところに来ているのではないだろうか。

「農業の安楽死」再考

ここで確認しておきたいのは、「戦後」なる時代を経て、日本は一体何を実現し、何を失ったのかということである。一定の豊かさを実現したことについて異論はないであろう。日本の一人当たりGDPは、戦後二〇年を経た一九六六年に一〇〇〇ドルを超し、八一年には一万ドルとなり、ピーク時には四・七万ドルまで行ったが、二〇一五年は円安もあり三・二万ドル程度になっている。

では何を失ったのか。凝縮して言うならば、「食」の安定である。この間、我々は、食は田舎が作って都市はそれを買って食う所、さらには、産業力で外貨を稼ぎ、食は海外から買ったほうが効率的という考えで走ってきた。そのために必死で産業化を進めてきたとも言える。つまり、比較優位に立つ国際分業論を常識として、鉄鋼とエレクトロニクス(電気機械)と自動車で外貨を獲得して、食とエネルギーは海外から買うことが合理的だという国をつくったのが戦後日本なのである。通商国家モデルの優等生といわれる所以である。

これにより、一次産業への就業比率は一九六五年二四%であったが、八〇年には一〇%、二〇一五年現在、実に三・六%となった。これらの数字が物語るのは、それでも東京オリンピック(一九六四年)の頃には四人に一人が一次産業で飯を食っていたという事実である。その二四%から半世紀の間に三・六%へと急落し、かつて農本主義国家であった日本はすっかり変容した。就業人口が都市の製造業、建設業、サービス業に向かい、都市新中間層の中核を形成した。田舎には、田畑を背負って年老いていく両親と長男一家が残った。春日八郎や三橋美智也、千昌夫、吉幾三の歌を思い出してもわかるごとく、一九六〇～七〇年代までの日本社会には、田舎を後にした都会人の望郷の歌や都会と田舎の応答歌が流れていた。

ちなみに、日本の産業構造の変遷を考察する意味で、就業人口構造の変遷に目を向けると、戦前の一九二〇年に一次産業五四％、二次産業二一％、三次産業二四％であったが、戦後の一九五〇年には一次産業四九％、二次産業二二％、三次産業三〇％となり、二〇〇〇年には一次産業五％、二次産業三〇％、三次産業六四％に、そして二〇一五年には一次産業は三・六％、二次産業二四・一％、三次産業七〇・七％となり、既に日本は一次産業のみならず、二次産業も比重を落としている。

農村から労働人口を引きはがし、都市近郊へと人口を集積させることによって実現してしまったのが、「農業の安楽死」なのである。日本は現在、先進国中最低のカロリー・ベースの食料自給率三九％というレベルに至っている。ちなみに、一九六五年は七三％。八〇年には五三％であった。この数字を当然視する感覚が怖い。

日本の産業構造の致命的な不安

その結果、二〇一五年の現実として、海外からの食料輸入は七・〇兆円となっている。一方食料輸出も、このところの関係者の努力もあって「日本の食品、食材は高いが安全でうまい」という評価を得て、五九八六億円にまで増えてきたが、それでも六・四兆円以上の食に関する貿易赤字を抱えて、この国は存在している。さらに言えば、食とエネルギーの輸入は二五・二兆円に達し、その調達のために、輸出の主役である鉄鋼で三・七兆円、エレクトロニクスで一三・三兆円、自動車(部品を含む)で一五・五兆円稼いだ外貨(三品目総計三一・五兆円)をすべて投入しても足りない構造になっていることに気づく。実は、これこそが日本の産業構造の致命的な不安なのである。

二一世紀に入り、製造業の海外移転が進み、海外生産比率は四割超という段階を迎えた。さらに経済の金融化が加速し、サービス産業比重の高まりなど、産業化が新たな局面を迎えたいま、「食は海外から買ったほうが効率的」「円安誘導のほうが、産業国家日本に有利」という固定観念は必ずしも妥当ではなくなっている。とくに、食は国民の安心・安全の前提であるだけに、日本としての賢い戦略が重要である。

ＴＰＰは「比較優位」を重視する国際分業論に立った産業政策の極致である。国際貿易を長期的に自由化の流れにもって行くことは、日本の戦略として重要なことは否定しないが、通商自由化の潮流に参加しながら、食料自給率を高める知恵が日本には求められよう。ＴＰＰ一二カ国の日米を除く一〇カ国の内、すでに八つの国とは二国間ＦＴＡ（ＥＰＡ）を結んでおり、米国が参加しないＴＰＰなど意味がない。トランプ政権となった米国と、貿易についての二国間の再交渉が想定される中で、日本としては「保護主義」に後退するのではなく、食の国際競争力を高め、七・〇兆円の食料輸入を一兆円縮小し、現在六〇〇〇億円の食料輸出を倍増させる戦略を描くことは大いに推進に値する。

私は、食料貿易赤字を五兆円以内に圧縮し、産業構造の重心を下げることは実現可能と考えている。そのために何をしなければいけないのか、発想を反転させて、より多くの国民を「食と農」に参画させて、パラダイムを変えることはありうると思う。何もかつての農本主義への回帰を語るつもりはない。しかし「食と農」から隔絶して生きてきた都市新中間層が、それぞれの役割分担の中で、応分に参画し食を支えることは意味のあることであり、そうした動きは実体化してきていると感じている。いかなる分野でサラリーマン生活を送った人であれ、都市郊外にリタイアした人たちがシステムとしての農業の一翼を担う形で参画することが、日本の高齢化社会のパラダイムを変えるであろうことを確信している。

都市と農村の呼応による社会参画の事例

やがて日本人は「食と農」に関われることが幸福の要素であり、そうした参画の仕組みを通じた社会との接点の拡大が、シルバー・デモクラシーの質を高めることに気づくであろう。「食と農」を至近距離に引き寄せる社会システムを実現することが、高齢者に安定した豊穣な人生をもたらし、日本の産業構造を一段と重心の低いものにするであろう。

いくつかの事例を紹介したい。一つは、最近都会と田舎の交流の中で「食」に目を向け始めた新しい動きの例である。

長野県飯綱町の「浜っ子中宿農園・美味しいリンゴ作り隊」は、横浜の団塊の世代を中心とするシニア仲間十数名による実験的リンゴ農園である。発端は、代表の小泉正夫さんが二〇〇五年に飯綱町で、第二の人生で田舎暮らしを始めたことだった。飯綱町で世話になっていた隣の人が亡くなってリンゴ畑の跡継ぎがいないことから、横浜のテニス仲間と相談してリンゴ栽培をやってみようという話になった。二〇一〇年、地元の農家の人々に技術指導をしてもらいながら、見よう見まねの農作業に取り組み始めた。雪解けの三月の剪定《せんてい》作業に始まり、毎月長野に通って、力を合わせて摘花、草刈り、摘果と一生懸命作業し、ついに二〇一六年にはリンゴ一・三万個を出荷したという。牛糞やもみ殻を炭化した燻炭《くんたん》を使って自然のなかでの栽培を行い、形が悪かったり鳥につつかれたりしたものを使ってリンゴジュース、ジャムの生産も始めている。

生活の基盤は横浜に置き、仲間で農家を一軒借りて合宿しながらの作業で、一年の作業スケジュールを立てて、地元の人から日々必要な情報をもらいながら通い続けている。村の「田休みコンサート」にも出演するなど、地元の人々との交流も盛んで、お互いに刺激になっているという。仲間には生活習慣病を抱えた人もいるが、田舎で土に向かっているうちに元気になってきて、定期通院も必要なくなったという話もある。自分たちが作ったリンゴを食べるということ、それが少しずつ事業としての形を整えること、さらに私もその一人だが、その実りを食べた人の笑顔に向き合うことは、人間としてのものの考え方を変える。もちろん、「食と農」を通じて日本のあり方についても考えるようになる。大げさに言えば、これがデモクラシーの起点なのだとさえ思う。

縁あって、この三年ほど、このリンゴを食べることができたが、このところ一段と美味しくなってきた感がある。思いを込め、手をかけたものの格別の味に感激している。かつて「お百姓さんご苦労さん」という童謡があったが、このリンゴを見つめていると、食と自分の関係を考える機会にもなり、長野にも何度か足を運び、農業関係者と話をする機会があったが、見えてくるシーンが変わってくる気がする。都会の驕りと甘えを静かに正すヒントを、このリンゴが語りかけてくる。

「稼ぎ」から「つとめ」へ

こうした事例は昨今、少なくない。企業の農業生産法人や農園の仕組みに参画している例は確実に増えつつある。これまでサラリーマン生活をしてきた人間が、定年後に農業をやるというのは簡単な話ではない。農業は甘い世界ではない。ただ、これまで企業で経理・会計をしてきた人間が農業生産法人の経理を手伝ったり、営業マンがマーケティングを手伝ったりすることは荒唐無稽なことではない。特技を生かした「応分の参加」でよいのである。二〇一六年現在、農業生産法人の数は一・六万件を超えている。綱引きのヒモを長くして皆で支えるという発想で、「食と農」の基盤を充実させることは大きなポテンシャルを持つ。

地域コミュニティを持ちえなかった郊外型ベッドタウンの住人が、田舎との交流の中で参加の起点を得ることによって、ゆるやかな農本主義に回帰し始めているのである。今後、こうした生産的に意味のある形での移動と交流、アクティブシニアの「ワープステイ（里山留学）」（参照、ワープステイ推進協議会『地方創生はアクティブシニアのワープステイ【里山留学】からはじまる！』住宅新報社、二〇一四年）は一段と大きな意味を持ってくると、私は直感している。

もちろん、ここでの高齢者の社会参画の議論は、健常者として社会との接点を求める高齢者を対象としている。介護を必要とする高齢者は参画不可能と論ずる人もいるであろう。ただ、重要なのは八〇歳でも六割以上は健常者であり、寝たきり老人ではない。行政が「包括的ケア」の仕組みを目指し、予算を準備しても、四〇〇〇万人が高齢者という状況を迎え撃てるものではない。可能な限り病気にさせず、社会との接点をもって少しでも貢献してもらえる形での高齢化社会を作り上げねばならない。

また、高齢者が可能な限り働くことができる雇用環境を作ることが重要という主張も正論であり、働くことを通じて社会との関わりを維持することも大切である。ただし、高齢者は「稼ぎ」のための労働から、次第に「貢献する活動」「後進を育てる活動」に意識を移行させていくべきであろう。

働くことには「稼ぎ」と「つとめ」という二つの意味がある。家族を養い、子供を教育するための責任を担い、稼ぎのために働かなければならなかった青壮年期を過ぎ、年齢を重ねるごとに自分自身の価値基準でつとめを果たすことへと転換していかねばならない。その延長線上に、ここで話題にしてきた活動があるといえる。

食料自給率向上へのパラダイム転換——平田牧場の挑戦

もう一つの例は、山形県酒田市の平田牧場である。私は創業者の新田嘉一さんと向き合う機会を得たが、日本の食について考える時に、平田牧場の挑戦はきわめて重要な示唆に富んでいる。いまさかんに「農業の六次産業化」が言われるが、まるでその雛型のような試みを展開してきたのが平田牧場であった。

新田さんは庄内平野の恵まれた米農家の長男だったが、一九五三年、戦争に敗けてわずか八年後という時に、「日本人はいまエンゲル係数が高くて、腹いっぱいに米でも食えれば御の字という時代だが、これから復興、成長していくプロセスで日本人の暮らしが豊かになれば、食の嗜好は炭水化物からたんぱく質へ移るはずだ」と考え、周囲の反対を押し切って豚二頭を飼い始めた。二〇歳当時のことである。二頭から始まった養豚は今日二五万頭にまで膨れ上がり、飼育・加工・販売まで一貫した流通ルートを構築するなどの産直提携や、品種改良にも早くから取り組み、三元豚や金華豚のようなブランド豚を作りだした。

さらに、一歩踏み込んで取り組んできたのが国産飼料用米プロジェクトである。これまでは海外からの飼料穀物、トウモロコシを使っていたが、やはり米づくり農家のＤＮＡがあって、庄内地域で休耕田を利用して飼料用米を作り豚の飼料にする試みだという。米で育てた豚は味もよく、生協などの流通に乗って多くの消費者の支持を得ているが、日本全体でも飼料用米の作付け面積は大きく増加しており、二〇一五年で八・〇万ヘクタールと、七年前の五七倍にもなっている。

実は、この事業には非常に重要な意味がある。先に述べたように、いま日本の食料自給率はカロリー・ベースで三九％と、先進国でも最低レベルだが、他の先進国が最低六割から七割以上の自給率を持っており、あらためて日本という国の異様さに気づく。なかでも家畜の穀物飼料はほとんど自給できず、二〇一五年は八〇〇〇億円を輸入している。たとえば鶏卵(たまご)の自給率は重量ベースでは九五％だが、鶏が食べる飼料の海外依存により、カロリー・ベースではわずか一三％となる。一方で、日本の水田は、米の消費の減少などにより三〇％が休耕田になっており、耕作放棄地は四二万ヘクタールにもなる。これを飼料生産用穀物の生産に活用して日本の畜産に供給できれば、日本の農のパラダイムは大きく転換するのである。

相模原モデルという視界

このように段階的とはいえ、海外から七兆円食べ物を買うのが当たり前だという時代が変わっていく兆しは既に見えている。そして、「浜っ子中宿農園」のように、専業農家に転じなくとも、食に対して強い問題意識を持つ都会の高齢者が、力を合わせて「応分の参加」で立ち向かっていけば、少しずつ何かが変わっていくのである。

たとえば、先述のごとく農業生産法人が一・六万件を超えたが、こうした「農業株式会社」にサラリーマンだった人が参加したり、団地やニュータウンごとに力を合わせて、ある田舎の地域と連携して活動したりするという試みは、決して非現実的な話ではない。農業生産法人化は雇用拡大の受け皿にもなりうるし、参画型・分業型の農業という新しい形を生み出す可能性を持っている。

加えて、「相模原モデル」について語っておきたい。

「東京の西」、つまり神奈川県にある相模原市橋本には一〇年後に神奈川県駅というリニア中央新幹線の駅ができる予定である。そうすると、相模原からターミナル駅である品川まで十数分、山梨県の甲府へも十数分で動けるようになる。「東京〜名古屋が四〇分」というインパクトだけが注目されがちだが、実は中間駅(相模原、甲府、飯田、中津川)のインパクトのほうがより重要であろう。

同時に、首都圏三環状道路の整備が進む中で、先ほど触れた国道一六号線沿いに作られている圏央道が大きく首都圏交通体系を変えつつある。たとえば、首都高速を経由しなくとも、関

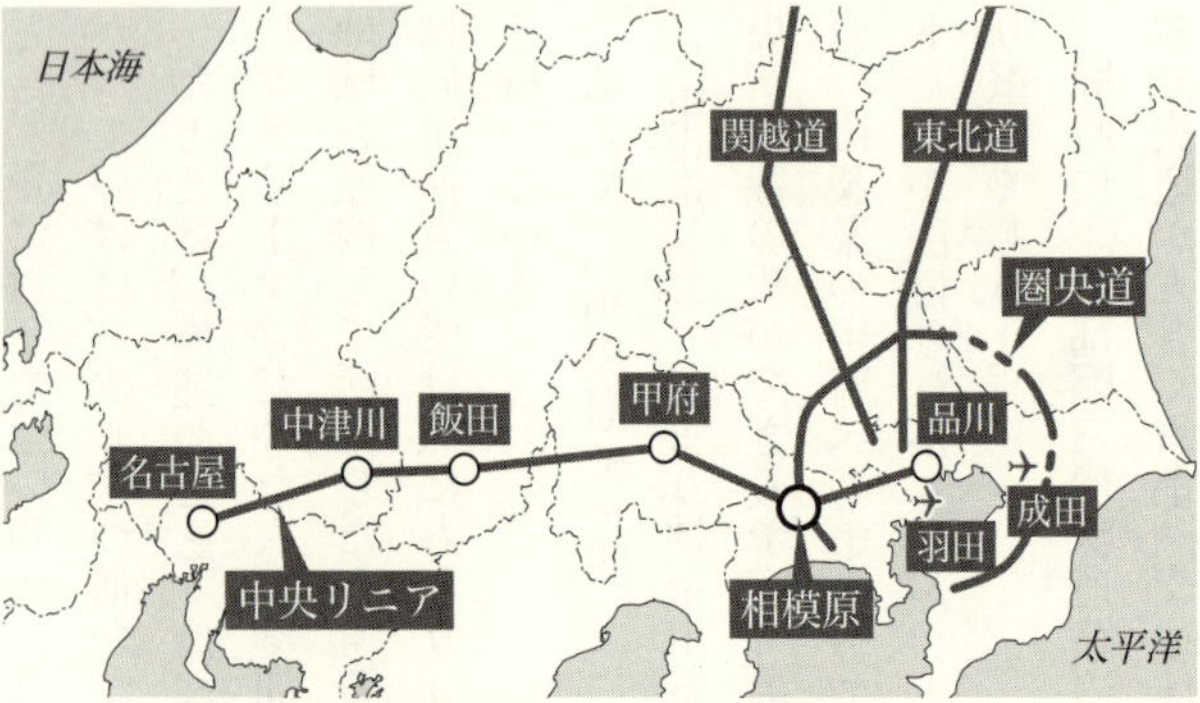

図4　中央リニアと圏央道
品川〜名古屋間は2027年開業予定
名古屋〜大阪間は2045年開業予定➡最大で8年前倒しへ

越道、東北道に繋がる回廊が整備されることで、首都圏を取り巻く日本列島の広域物流・人流は劇的に効率化されるであろう。この圏央道の相模原インターチェンジが一〇年後には中央リニアの相模原駅とリンクするようになり、戦後ベッドタウン化したこの地域が交通体系の変化でどう変わるのかを模索することが「相模原モデル」の問題意識なのである（図4）。

このように大きく変化する交通インフラを、二地域居住、あるいは田舎と都市間のより機動的な交流のために活用していかねばならない。相模原モデルとは、交通インフラ高度化時代に向けた、これまで形成してきた産業化対応型ベッドタウンを、「食と農」を視界に入れた都市郊外に再生する試みという意味を込めたモデルなのである。

シルバー・デモクラシーの起点

農業の安楽死を図ってきたのが日本の戦後だとするならば、そこで蓄積した技術や人的資源を投入して「食と農」を取り戻し、より多くの人が参画していけるようなプラットフォームをつくる社会工学的構想力がターニングポイントになっていくであろう。

システムとしての農業を促進して、食料自給率を高め、高齢者の参画を図ることで社会との接点や社会への貢献、参画を拡大していく総合エンジニアリング力が求められている。そして、これこそが実はデモクラシーの原点なのである。自分が額に汗して参画している視点から社会との関係性を自覚し、あるべき社会への問題意識を持つという、シルバー・デモクラシーの起点はここにあるといえる。

相模原モデルは、国道一六号線沿いの東京のベッドタウン地域の象徴として、高齢化するこの地域を未来に向けて再設計することを模索するための表現でもあるが、戦後日本が形成してきた都市新中間層の住居空間たる団地、ニュータウン、マンションをどうするのかという問題でもある。戦後日本が作り出してきた個人が分有するコンクリート・ブロック空間を、「独居老人が閉じこもるコンクリート・ブロック」にしないために、可能な限り住民が協力して住む

「シェアハウス」化していかなければならなくなるであろう。戦後日本が作った「個を分断した無機的な孤独な空間」を、血の通った世代にまたがる有機的連帯可能な空間に変えていかねばならなくなるのではないか。住環境でも車でも、「所有から共有へ」という仕組み作りが求められるであろう。そのための試金石が相模原モデルなのである。

また、先述のごとくリニアによって、一〇年後に品川から十数分になる相模原において、当然のことながら、二次交通システムという問題が浮上する。リニアの駅から多摩ニュータウンに帰るのに一時間以上かかるのでは、リニア開通の意味がない。高度成長期のような都市交通システム(モノレールなど)を建設する構想は現実的ではない。たとえば、この地域にウーバーのような、自動車を共用して配車するサービスを導入するなどの発想が検討されてよいであろう。高齢化するニュータウンにとって、いつでも足回りが確保できる社会システムが必要になるからである。相模原地域は高齢化する大都市郊外の移動と交流を活性化する実験場として注目されるのである。

私は今、東京の西に位置する多摩市に所在する多摩大学の学長も務めている。多摩市に経営情報学部、藤沢市にグローバルスタディーズ学部という二つの学部を配し、品川に実学志向の社会人大学院を展開している。多摩川と相模川に挟まれる地域を広域の多摩ととらえ、この地域に根差した「多摩学」を共通のテーマとして、両学部生、大学院生にまたがる「インターゼミ」という形で、七年間にわたりフィールドワークと文献研究を積み上げてきたが、浮上してくるこの地域の中核的課題は、都市新中間層の集積点ともいえる「多摩ニュータウンの高齢化問題」である。その意味で、「相模原モデル」の重要性が視界に入ってくるのである。つまり、戦後急速に東京の都市新中間層のベッドタウン化した広域多摩という地域のこれからをどうするのかという問題意識である。

多摩大学は、多摩市、藤沢市、相模原市などの行政や多摩信金などの地元有力企業と連携して、地域の抱える課題解決と地域活性化のための参画を意図して、たとえば、「食と農」における都会と田舎の交流への多摩ニュータウンの参画などを具体的プロジェクトにする触媒役を果たしたいと考えている。また、神奈川県、山梨県、長野県、静岡県などとの連携も模索し、大学が果たしうる地域交流の基点としての役割を探求していきたい。戦後日本のパラダイムを変えていく作業には、多様な主体が創造的に参画し、柔らかな構想が刺激し合う化学反応が重要となる。

4　戦後世代が共通体験したこと――次世代への責任

世代ということの重み

「世代」という要素を絶対視する気持ちはないが、歴史において「世代」が一定以上の意味をもつことはある。明治維新という大きなパラダイム転換が起こって七〇年、明治生まれの先頭世代が七〇歳に到達したのが一九三七年、真珠湾攻撃まで四年という時点であった。幕末維新と格闘した世代の大半は、当時の平均寿命からすれば既にこの世を去り、「明治は遠くなりにけり」(中村草田男)であった。

自身が欧米列強の植民地にされるかもしれないという緊張感の中で、幕末維新を迎えた日本は、「富国強兵」の中で自信をつけ、日清・日露という戦争を超え、欧州の第一次大戦に国勢拡大の好機として参戦、一九一五年には中国に「対華二一カ条の要求」を突きつけ、欧米列強模倣の帝国主義路線へと迷い込んでいった。日本は本来貫くべき「親亜」を「侵亜」に反転させ、新興の植民地帝国として「対華二一カ条の要求」を突きつけるまでに変質していた。遅れてきた植民地帝国主義路線に入り込むにつれて、満州国問題などで孤立、戦争への道に突き進むことになる。「大東亜共栄圏」を掲げたアジアへの働きかけも、結局理解を得られず、アジアの支持を得られなかったことが、日本近代史の汚点であった。

今、戦後なる時代が七〇年以上経過し、戦争どころか戦後さえ風化し始めている状況の中で、戦後世代の責任倫理はといえば、近代史を省察し、次世代の日本人につなぐことであろう。歴史家E・H・カーが『歴史とは何か』(清水幾太郎訳、岩波新書、一九六二年)において繰り返し述べているごとく、「歴史とは現在と過去との対話」である。その接点に立つ存在がこの世代であり、戦後世代には、日本近代史の破綻を現代に引き継ぎ、未来に生かす責任がある。

戦後世代が次世代に伝えるべき体験とは

その意味で、戦後という時代に戦後世代が共通体験したことで、次世代へと伝えるべきテーマを整理しておきたい。まず、第一に、戦後世代とは「地球は宇宙空間に浮かぶ一つの星だと認識した世代」である。一九六九年、アポロ11号が月面着陸するシーンを自分の眼で確認し、それまで知識として理解していた「地球がグローブであること」を実体験したのである。その認識に立って、一九七二年にローマクラブが出した『成長の限界』というレポートを受け止め、地球レベルの諸問題、たとえば地球環境問題、人口爆発、食料問題の重要性を認識し、この星での共生という意識を共有した世代である。「地球史時間」という概念がある。四六億年の地球史を一日に凝縮してみると、約七〇〇万年前に地上に人類が登場するのが深夜の二三時五五分に相当する。六万年前にホモ・サピエンスがアフリカ大陸からユーラシアに移動し始めたのが二三時五九分五五秒、日本列島に辿り着いたのは午前零時の二秒前となり、この概念からすれば、我々の時間など瞬時にすぎない。しかし、自分たちの星を肉眼で見たという意味は小さくない。「コペルニクス的転回」を生身で追体験したのである。

第二に、冷戦の終焉を体験し、イデオロギー対立の限界を知った世代である。敗戦後、我々は「東西冷戦」という時代を資本主義陣営の一翼を担う中で半世紀近く生きた。「自由と民主主義」を掲げる体制の正当性を信じながらも、対置概念としての「社会主義」に共鳴する人も多く、反体制派だけではなく労働運動も「社会主義」を次なる体制選択の理念としていた。経営者も「社会主義の圧力」の下で、資本主義体制、そして経済社会のあり方に真剣だった。その典型が、松下幸之助の「ＰＨＰの思想」であった。「繁栄を通じた平和と幸福」というＰＨＰの概念は、まずは経済的繁栄を実現して、そこから安定的平和と幸福が実現できるというメッセージとして、少しずつ戦後日本の豊かさを共有し始めた都市新中間層には心に響くものであった。心情的に「社会主義」に惹かれていた勤労者層も、労働者階級意識を希薄化させ、より一層の豊かさを求めて「ニューファミリー幻想」を生きたといえる。

金融資本主義、ナショナリズムの台頭へ

ところが、一九八九年ベルリンの壁崩壊、一九九一年社会主義陣営の総本山たるソ連邦の崩壊という事態に直面した。資本主義が勝ったというよりも、社会主義が腐敗と非効率の中で自壊したというべきであったが、冷戦の呪縛から解放され、世界は国境の壁を越えてヒト、モノ、カネ、情報がより自由に行き来する「大競争の時代」に向かうと思ったのもつかの間、カネだけが極端に肥大化する米国流金融資本主義の世界化という事態を迎え、それに対する反発をエネルギーとするナショナリズム、イスラム・ジハード主義の台頭を誘発し、世界は混迷を深めるという皮肉な局面を迎えている。

つまり、我々の世代は、イデオロギー対立の虚しさを体験し、イデオロギー対立を超えた先に登場した「国境を越えた金融資本主義の肥大化」と「よみがえるナショナリズムと宗教過激主義」という事態を体験している世代なのである。このことを、思慮深く認識することが、我々の役割でもある。

第三に、情報通信環境の進化という途方もない時代を生きたということである。テレビが登場してテレビ文化の中で育った少年時代から、インターネットの登場に驚いた壮年期、AI（人工知能）の進化にたじろぐ老年期と、情報環境の激変を体験した世代でもある。コンピュータ科学の急速な進化と並走したわけだが、情報環境の変化にこれほど揺さぶられた世代もないといえる。

一九四八年に『サイバネティックス』を書き、通信と制御を一体化するコンピュータ科学の父といわれるN・ウィーナーは「人間を非人間的労働」、つまり「人間を動力源とする労働」や「頭脳の一〇〇分の一しか使わない単純労働」から解放するために電子計算機を開発すると語っていた。その後、情報技術は汎用コンピュータの開発から、冷戦後の「軍事技術の民生転換」の象徴ともいえるインターネットの登場によるネットワーク情報技術革命（IT革命）へと進み、さらにビッグデータの時代、そしてAIの高度化という局面を迎えている。

「現在存在する労働の七五％はAIによって取って代わられる時代」とか「AIが人間を超えていく時代」などという展望が語られる今、我々は人間の尊厳において、機械に取って代わられることのない人間の役割を思考すべきであろう。AIがいかに進化しても、機械は「目的・手段合理性」において動くものであり、目的を提示する能力は人間に残るといえる。つまり、課題設定力は人間が果たす役割であり続けるという見方は正しい。ただ、スマホの検索エンジンに頼って生活する環境に依存し始めている人間に、課題を設定できる力が維持できるであろうか。課題設定の前提となる「全体知」は、よほど主体的に錬磨した思索からしか生まれない。便利で効率的な情報環境だからこそ、物事を主体的に考察する力が「市民」の側に求められるのである。

羅針盤としての高齢者の役割

人間の脳はせいぜい一・五kg程度しかない。そこには宇宙や時間の経過によって蓄積したものを「意識」する力が潜在している。いわゆる経験値を「意識」として蓄積し、愚劣なもの、思慮の浅いものを拒否し、大きな時間軸の中で進むべき方向を示す羅針盤としての役割が、高齢者の役目でもある。自制の利いた賢い老人の役割が、ポピュリズムが跋扈する時代にこそ求められるのである。

一九七〇年の全共闘運動のころ、荒れるキャンパスの中で、学生の突き上げを食らった老教授が「君たちはあまりに情緒的だ」と叫んだのを思い出す。戦争を体験した世代の眼からは、戦後日本という自由に感性を拡張できる環境に育ち、音楽や芸術に埋没できる世代でもある我々の世代に「甘ったれたやさしさと危うさ」を感じたのであろう。「戦争を知らない子供たち」も老人となった。感性を拡張させた世代の構想力と行動力が問われている。少なくとも、国権主義を拒否した世代として、次の時代にしっかりと折り合いをつけていかねばならない。

おわりに

「行動しないシニア」を見つめて

私はこの本を、現代日本に生きる普通のシニア、つまり戦後日本の経済産業、社会構造の変化が生んだ「都市新中間層＝戦後生まれ世代」の高齢化状況を視界の中心に置いてまとめてきた。世の中には「シニア左翼」といわれる一群の人たちも存在し、六〇年安保闘争、七〇年全共闘運動に情熱を燃やした世代の人たちが「行動するシニア」として復活して、国会前デモなどに参加しており、「社会運動のニューウェーブ」といわれる。「孫を戦争に行かせたくない」という思いで、SEALDsなど学生・若者の社会運動と「連帯」して行動する姿を注視していると、若き日にべ平連や新左翼、市民運動、労働組合運動などに参加していた人たちの「根性・執念」のようなものを感じる。だが、私がこの本で見つめたのは「行動するシニア」ではなく、「行動しないシニア」である。

既に述べたようにかつて「真っ赤なリンゴ」という言い方があった。若いころ、社会主義思想や左翼運動に影響されて「赤（アカ）」がかっても、社会人として利害・打算の世界に揉まれれば、「皮が剝《む》けて真っ白になる」というジョークだが、まさに戦後生まれ日本人として生き、企業や組織に帰属して「戦士」としての役割を果たしてきた層の多くは、すっかり皮が剝けて真っ白になってしまったのかという思いで、観察と思索を重ねてきた。私の思いは日本のシニアは決して「真っ白になったリンゴ」ではなく、これからが正念場だということである。

吉見義明の『焼跡からのデモクラシー——草の根の占領期体験』（岩波書店、二〇一四年）は、我々が常に立ち返るべき視点を提示している。一九四六年生まれの吉見は、私と同世代であるが、吉見の「『戦』の『後』であり続けるために」というこだわりと、「人びとが『自前』で築いていった平和と自由」という認識はきわめて重要であり、この認識の共有こそ、戦後世代の先頭世代たる団塊の世代の責任でもある。

二〇一六年　二つの衝撃

この本をまとめていた二〇一六年という年には、大方のメディアの予想を裏切る二つのショックが「民主的手続き」を踏む形で起こった。

一つは、英国の国民投票による「ＥＵ離脱」決定であり、もう一つは米国の大統領選挙におけるトランプ当選である。英国という「民主主義の教科書」ともいわれた国の意思決定、さらに、日本にとっては戦後民主主義をもたらした米国の選択が、白人貧困層の鬱屈した閉塞感への感情的反発を震源とする「ポピュリズムの噴出」というべき方向に向かったことの衝撃は大きかった。

「民主主義の落とし穴」とでもいえる事態を目撃し、ワイマール共和国がヒトラーを生んだパラドックスを思わざるをえない。だが、歴史は紆余曲折を経ながらも、長い時間軸で再考するならば、必ず条理の側に向かう。それが「歴史の教訓」であると、私は確信している。

たとえば、英国は一七世紀にピューリタン革命と名誉革命という二つの革命を経験し、血なまぐさい「王殺し」にさえ踏み込んだが、次第に今日の「穏健な立憲君主制」へと収斂していった。歴史学者A・トインビーは『歴史の教訓』(松本重治編訳、岩波書店、一九五七年)の中で、英国人にとっての教訓は「君主制と民主制の闘いを通じた節度を重んじる穏健な態度の大切さ」と「米国の独立戦争を通じた植民地主義の限界」であり、人類にとっての教訓は「人間が他人を支配する奴隷制はよくない」という認識だと述べる。

フランスについては、絶対君主制を打ち倒す形でフランス革命が起き、その後の混迷の中からナポレオン専制が生まれ、結局「共和制」に落ち着いた歴史を有する。歴史は決して一直線には進まない。「自由と民主主義」を建国の理念として掲げ、世界中からの移民が「希望の地」として支えてきた理念の共和国・米国も、常に先行した移民が後から来る移民を排斥する歴史を積み上げてきたともいえる。我々は歴史の曲折に当惑する。デモクラシーの煩わしさにいらだつ。だが、それでも可能な限り、個の人間的価値・尊厳を尊重する努力を見失ってはならないと思う。

歴史の進歩とは何かを問うとき、私は哲学者市井三郎の言葉を思い出す。彼は歴史に進歩などないという議論に対し、決然と次のように述べる。「歴史の進歩とは、不条理な苦痛の組織的・制度的軽減にある」――。そして、不条理な苦痛とは「本人の責任を問われる必要のないことで苦しむこと」だという。心に響く言葉である。自己責任を問われるべきでないこと、たとえば、生まれながらの貧困で教育も受けられない状態などを、組織的・制度的に軽減することが歴史の進歩だという考え方であり、「個の価値」を重んじ、宗教的権威や国家権力からの抑圧や差別からの解放を重視する姿勢こそ、近現代史を生きてきた人間の基軸であろう。少数者による統合ではなく、いかに煩瑣であっても「最大多数の最大幸福」(ベンサム)を粘り強く探求する意思が我々に求められるのである。

政治セクターの人材を育ててこなかった戦後日本

戦後の日本は、経済での復興・成長に邁進する中で、政治セクターの人材を育ててこなかった。政治は、親が政治家だった家業としての政治屋か、政治を「おいしい仕事」だと思い、しゃしゃり出てくる鉄面皮な人たちの集積場となった。世界を動いてきて、それぞれの国の志操堅固な青年が、如何なる職業に身を置くかがその国の性格を決めることに気づいたが、戦後日本は経済・産業界と官僚という世界にもっぱら人材を注入した。政治家でも軍人でもなかったのである。現下の日本で、政治で飯を食う人たちと向き合えば、その人間としての質の劣悪さに驚く。戦後日本の上澄みだけを吸ってきた愚劣で劣悪な政治家・指導者を拒否する意思、この緊張感が代議制民主主義を錬磨するのである。

社会参加し、貢献する意思と代議制民主主義を錬磨する意思が、迫りくる異次元の高齢化社会を空疎なものとしない基盤である。

自らの実験として

最後に私自身の試みとしての寺島文庫という実験に触れておきたい。時代認識を深め、知的活動のネットワークの活動拠点として、東京の九段下に小さなビルを手に入れたのが二〇〇八年であった。五万冊の書庫、教室、カフェ、事務所、物書き場として、若者、学生、留学生のゼミ、研究会、勉強会の地場となりつつある。三階の教室は私が学長を務める多摩大学の大学院・学部の学生によるインターゼミの場として「課題解決型のグループ学習」の場であり、全国の中堅企業約一二〇社の経営者が参加する「戦略経営塾」の場となり、一階のカフェ「みねるばの森」は様々な市民ネットワークの勉強会・研究会の会場となっている。また、寺島文庫主催の「寺島文庫リレー塾」は、講師陣に恵まれ、七年間で延べ八〇〇〇人を超す参加者を得て、続いている。寺島文庫が企画協力している多摩大学リレー講座は八年間で参加者一〇万人を超え、多摩地域の市民講座として定着しつつある。さらに発信の試みとして、BS11で、毎週金曜日の夜二一時からの一時間番組『寺島実郎の未来先見塾』に、寺島文庫が製作協力してきた。また、BS-TBSにて、毎月最終土曜日の夜二三時からの一時間番組『月刊寺島文庫』に、寺島文庫が企画協力してきた。ささやかな試みではあるが、寺島文庫が時代構造を見抜き、行動を起こそうとする人たちの基点になることを目指している。未来に向けて「リンゴの木を植える努力」だけは忘れたくない。

九段下・寺島文庫にて

寺島実郎

1947年北海道生まれ．早稲田大学大学院政治学研究科修士課程修了後，三井物産入社．米国三井物産ワシントン事務所所長，三井物産常務執行役員，三井物産戦略研究所会長等を経て，現在は(一財)日本総合研究所会長，多摩大学学長．国土交通省・社会資本整備審議会道路分科会国土幹線道路部会長，同省・国土審議会計画推進部会委員，経済産業省・資源エネルギー庁総合資源エネルギー調査会基本政策分科会委員，農林水産省・「食と農の景勝地」審査委員会委員長等を務める．著書に『脳力のレッスンI〜IV』(岩波書店)『中東・エネルギー・地政学』(東洋経済新報社)『世界を知る力』(PHP新書)他．

シルバー・デモクラシー
戦後世代の覚悟と責任　　岩波新書(新赤版)1610

2017年1月20日　第1刷発行
2025年6月25日　第5刷発行

著　者　寺島実郎《てらしまじつろう》

発行者　坂本政謙

発行所　株式会社 岩波書店
〒101-8002 東京都千代田区一ツ橋2-5-5
案内 03-5210-4000　営業部 03-5210-4111
https://www.iwanami.co.jp/

新書編集部 03-5210-4054
https://www.iwanami.co.jp/sin/

印刷・三陽社　カバー・半七印刷　製本・中永製本

ISBN 978-4-00-431610-7　　Printed in Japan

岩波新書新赤版一〇〇〇点に際して

ひとつの時代が終わったと言われて久しい。だが、その先にいかなる時代を展望するのか、私たちはその輪郭すら描きえていない。二〇世紀から持ち越した課題の多くは、未だ解決の緒を見つけることのできないままであり、二一世紀が新たに招きよせた問題も少なくない。グローバル資本主義の浸透、憎悪の連鎖、暴力の応酬——世界は混沌として深い不安の只中にある。

現代社会においては変化が常態となり、速さと新しさに絶対的な価値が与えられた。消費社会の深化と情報技術の革命は、種々の境界を無くし、人々の生活やコミュニケーションの様式を根底から変容させてきた。ライフスタイルは多様化し、一面では個人の生き方をそれぞれが選びとる時代が始まっている。同時に、新たな格差が生まれ、様々な次元での亀裂や分断が深まっている。社会や歴史に対する意識が揺らぎ、普遍的な理念に対する根本的な懐疑や、現実を変えることへの無力感がひそかに根を張りつつある。そして生きることに誰もが困難を覚える時代が到来している。

しかし、日常生活のそれぞれの場で、自由と民主主義を獲得し実践することを通じて、私たち自身がそうした閉塞を乗り超え、希望の時代の幕開けを告げてゆくことは不可能ではあるまい。そのために、いま求められていること——それは、個と個の間で開かれた対話を積み重ねながら、人間らしく生きることの条件について一人ひとりが粘り強く思考することではないか。その営みの糧となるものが、教養に外ならないと私たちは考える。歴史とは何か、よく生きるとはいかなることか、世界そして人間はどこへ向かうべきなのか——こうした根源的な問いとの格闘が、文化と知の厚みを作り出し、個人と社会を支える基盤としての教養となった。まさにそのような教養への道案内こそ、岩波新書が創刊以来、追求してきたことである。

岩波新書は、日中戦争下の一九三八年一一月に赤版として創刊された。創刊の辞は、道義の精神に則らない日本の行動を憂慮し、批判的精神と良心的行動の欠如を戒めつつ、現代人の現代的教養を刊行の目的とする、と謳っている。以後、青版、黄版、新赤版と装いを改めながら、合計二五〇〇点余りを世に問うてきた。そして、いままた新赤版が一〇〇〇点を迎えたのを機に、人間の理性と良心への信頼を再確認し、それに裏打ちされた文化を培っていく決意を込めて、新しい装丁のもとに再出発したいと思う。一冊一冊から吹き出す新風が一人でも多くの読者の許に届くこと、そして希望ある時代への想像力を豊かにかき立てることを切に願う。

（二〇〇六年四月）

岩波新書より

社会

不適切保育はなぜ起こるのか　普光院亜紀
なぜ難民を受け入れるのか　橋本直子
罪を犯した人々を支える　藤原正範
女性不況サバイバル　竹信三恵子
パリの音楽サロン　青柳いづみこ
持続可能な発展の話　宮永健太郎
皮革とブランド 変化するファッション倫理　西村祐子
動物がくれる力 教育、福祉、そして人生　大塚敦子
政治と宗教　島薗進編
超デジタル世界　西垣通
現代カタストロフ論　金子勝・児玉龍彦
「移民国家」としての日本　宮島喬
迫りくる核リスク 〈核抑止〉を解体する　吉田文彦
記者がひもとく「少年」事件史　川名壮志

中国のデジタルイノベーション　小池政就
これからの住まい　川崎直宏
検察審査会　デイビッド・T・ジョンソン、平山真理、福来寛
ドキュメント〈アメリカ世〉の沖縄　宮城修
東京大空襲の戦後史　栗原俊雄
土地は誰のものか　五十嵐敬喜
民俗学入門　菊地暁
企業と経済を読み解く小説50　佐高信
視覚化する味覚　久野愛
ロボットと人間 人とは何か　石黒浩
ジョブ型雇用社会とは何か　濱口桂一郎
法医学者の使命 「人の死を生かす」ために　吉田謙一
異文化コミュニケーション学　鳥飼玖美子
モダン語の世界へ　山室信一
時代を撃つノンフィクション100　佐高信

労働組合とは何か　木下武男
プライバシーという権利　宮下紘
地域衰退　宮崎雅人
江戸問答　田中優子・松岡正剛
広島平和記念資料館は問いかける　志賀賢治
コロナ後の世界を生きる　村上陽一郎編
リスクの正体　神里達博
紫外線の社会史　金凡性
「勤労青年」の教養文化史　福間良明
5G 次世代移動通信規格の可能性　森川博之
客室乗務員の誕生　山口誠
「孤独な育児」のない社会へ　榊原智子
放送の自由　川端和治
社会保障再考 〈地域〉で支える　菊池馨実
生きのびるマンション　山岡淳一郎
虐待死 なぜ起きるのか、どう防ぐか　川崎二三彦
平成時代◆　吉見俊哉

(2024.8)　◆は品切，電子書籍版あり．　(D1)

岩波新書より

バブル経済事件の深層　奥山俊宏　村山治
日本をどのような国にするか　丹羽宇一郎
なぜ働き続けられない？ 社会と自分の力学　鹿嶋敬
物流危機は終わらない　首藤若菜
認知症フレンドリー社会　徳田雄人
アナキズム 一丸となってバラバラに生きろ　栗原康
総介護社会　小竹雅子
賢い患者　山口育子
住まいで「老活」　安楽玲子
現代社会はどこに向かうか　見田宗介
EVと自動運転 クルマをどう変えるか　鶴原吉郎
ルポ 保育格差◆　小林美希
棋士とAI　王銘琬
科学者と軍事研究　池内了
原子力規制委員会　新藤宗幸
東電原発裁判　添田孝史
日本問答　田中優子　松岡正剛

日本の無戸籍者　井戸まさえ
〈ひとり死〉時代のお葬式とお墓　小谷みどり
町を住みこなす　大月敏雄
歩く、見る、聞く 人びとの自然再生　宮内泰介
対話する社会へ　暉峻淑子
悩みいろいろ　金子勝
魚と日本人 食と職の経済学　濱田武士
ルポ 貧困女子　飯島裕子
鳥獣害 動物たちと、どう向きあうか　祖田修
科学者と戦争　池内了
新しい幸福論　橘木俊詔
ブラックバイト 学生が危ない　今野晴貴
ルポ 母子避難　吉田千亜
日本病 長期衰退のダイナミクス◆　金子勝　児玉龍彦
雇用身分社会　森岡孝二
生命保険とのつき合い方◆　出口治明
ルポ にっぽんのごみ　杉本裕明

鈴木さんにも分かるネットの未来　川上量生
地域に希望あり◆　大江正章
世論調査とは何だろうか◆　岩本裕
フォト・ストーリー 沖縄の70年　石川文洋
ルポ 保育崩壊　小林美希
多数決を疑う 社会的選択理論とは何か　坂井豊貴
アホウドリを追った日本人　平岡昭利
朝鮮と日本に生きる　金時鐘
被災弱者　岡田広行
農山村は消滅しない　小田切徳美
復興〈災害〉　塩崎賢明
「働くこと」を問い直す　山崎憲
原発と大津波 警告を葬った人々　添田孝史
縮小都市の挑戦◆　矢作弘
福島原発事故 被災者支援政策の欺瞞◆　日野行介
日本の年金◆　駒村康平
食と農でつなぐ 福島から◆　塩谷弘康　岩崎由美子

(2024.8)　◆は品切，電子書籍版あり．(D2)

岩波新書より

過労自殺〔第二版〕◆ 川人博
金沢を歩く 山出保
ドキュメント 豪雨災害 稲泉連
ひとり親家庭 赤石千衣子
女のからだ フェミニズム以後◆ 荻野美穂
〈老いがい〉の時代◆ 天野正子
子どもの貧困 II 阿部彩
性と法律 角田由紀子
ヘイト・スピーチとは何か◆ 師岡康子
生活保護から考える◆ 稲葉剛
かつお節と日本人 宮内泰介・藤林泰
家事労働ハラスメント 竹信三恵子
福島原発事故 県民健康管理調査の闇◆ 日野行介
電気料金はなぜ上がるのか◆ 朝日新聞経済部
おとなが育つ条件 柏木惠子
在日外国人〔第三版〕 田中宏
まち再生の術語集 延藤安弘
震災日録 記憶を記録する◆ 森まゆみ

原発をつくらせない人びと 山秋真
社会人の生き方◆ 暉峻淑子
構造災 科学技術社会に潜む危機 松本三和夫
家族という意志◆ 芹沢俊介
夢よりも深い覚醒へ◆ 大澤真幸
3・11 複合被災◆ 外岡秀俊
子どもの声を社会へ 桜井智恵子
就職とは何か◆ 森岡孝二
日本のデザイン 原研哉
ポジティヴ・アクション 辻村みよ子
脱原子力社会へ◆ 長谷川公一
希望は絶望のど真ん中に むのたけじ
アスベスト 広がる被害 大島秀利
原発を終わらせる 石橋克彦編
日本の食糧が危ない 中村靖彦
希望のつくり方 玄田有史
生き方の不平等◆ 白波瀬佐和子
同性愛と異性愛 風間孝・河口和也
新しい労働社会 濱口桂一郎

世代間連帯 上野千鶴子・辻元清美
子どもの貧困 阿部彩
子どもへの性的虐待◆ 森田ゆり
反貧困 湯浅誠
不可能性の時代 大澤真幸
地域の力 大江正章
少子社会日本 山田昌弘
「悩み」の正体 香山リカ
変えてゆく勇気◆ 上川あや
戦争で死ぬ、ということ 島本慈子
ルポ 改憲潮流 斎藤貴男
社会学入門 見田宗介
少年事件に取り組む 藤原正範
悪役レスラーは笑う◆ 森達也
いまどきの「常識」◆ 香山リカ
働きすぎの時代◆ 森岡孝二
桜が創った「日本」 佐藤俊樹
生きる意味 上田紀行
社会起業家◆ 斎藤槙

岩波新書より

逆システム学◆ 金子勝・児玉龍彦
当事者主権 中西正司・上野千鶴子
豊かさの条件 暉峻淑子
クジラと日本人 大隅清治
人生案内 落合恵子
若者の法則 香山リカ
原発事故はなぜくりかえすのか 高木仁三郎
証言 水俣病 栗原彬編
日の丸・君が代の戦後史◆ 田中伸尚
コンクリートが危ない 小林一輔
バリアフリーをつくる 光野有次
ドキュメント 屠場 鎌田慧
現代社会の理論 見田宗介
原発事故を問う◆ 七沢潔
ディズニーランドという聖地 能登路雅子
原発はなぜ危険か◆ 田中三彦
豊かさとは何か 暉峻淑子
異邦人は君ヶ代丸に乗って 金賛汀

読書と社会科学 内田義彦
文化人類学への招待◆ 山口昌男
ビルマ敗戦行記 荒木進
プルトニウムの恐怖◆ 高木仁三郎
日本の私鉄 和久田康雄
社会科学における人間 大塚久雄
女性解放思想の歩み 水田珠枝
沖縄ノート 大江健三郎
沖縄 比嘉春潮
民話 関敬吾
唯物史観と現代〔第二版〕 梅本克己
民話を生む人々 山代巴
米軍と農民 阿波根昌鴻
沖縄からの報告 瀬長亀次郎
結婚退職後の私たち 塩沢美代子
ユダヤ人◆ J-P・サルトル 安堂信也訳
社会認識の歩み◆ 内田義彦
社会科学の方法 大塚久雄
自動車の社会的費用 宇沢弘文

上海 殿木圭一
現代支那論 尾崎秀実

(2024.8) ◆は品切，電子書籍版あり． (D4)

福祉・医療

耳は悩んでいる　小島博己編
医の変革　春日雅人編
新型コロナと向き合う　横倉義武
〈弱さ〉を〈強み〉に　天畠大輔
がんと外科医　阪本良弘
医の希望　齋藤英彦編
〈いのち〉とがん　患者となって考えたこと　坂井律子
ルポ 看護の質◆　小林美希
健康長寿のための医学　井村裕夫
和漢診療学　あたらしい漢方　寺澤捷年
不可能を可能に　点字の世界を駆けぬける　田中徹二
不眠とうつ病　清水徹男
在宅介護◆　結城康博
医と人間　井村裕夫編
医療の選択　桐野高明
納得の老後　日欧在宅ケア探訪◆　村上紀美子
移植医療　出河雅彦　橳島次郎
医学的根拠とは何か◆　津田敏秀
転倒予防　武藤芳照
看護の力　川嶋みどり
心の病 回復への道　野中猛
重い障害を生きるということ　髙谷清
感染症と文明　山本太郎
医の未来　矢﨑義雄編
パンデミックとたたかう◆　押谷仁　瀬名秀明
介護 現場からの検証　結城康博
腎臓病の話　椎貝達夫
がん緩和ケア最前線　坂井かをり
新型インフルエンザ　世界がふるえる日　山本太郎
児童虐待　川﨑二三彦
ぼけの予防◆　須貝佑一
認知症とは何か　小澤勲
放射線と健康　舘野之男
定常型社会　新しい「豊かさ」の構想◆　広井良典
高齢者医療と福祉　岡本祐三
看護　ベッドサイドの光景　増田れい子
医療の倫理　星野一正
光に向って咲け　粟津キヨ
リハビリテーション　砂原茂一
指と耳で読む　本間一夫
文明と病気 上・下　H・E・シゲリスト　松藤元訳

岩波新書/最新刊から

2060
緑地と文化
―社会的共通資本としての杜《もり》―
石川幹子 著
明治神宮外苑の樹木伐採は、持続可能な社会の根幹に関わる事態だ。都市と緑地の持続可能性を歴史と国際比較から問い直す。

2061
ブラック・カルチャー
―大西洋を旅する声と音―
中村隆之 著
奴隷とされた人々は、いかにして新大陸で声と音の伝統を再創造していったのか。ブラック・カルチャーの歴史と現在を旅する。

2062
ラジオの、光と闇
―高橋源一郎の飛ぶ教室2―
高橋源一郎 著
毎週金曜夜、穏やかな声で流れ出す、味わい深いオープニング・トーク。大好評の〝読むラジオ〟第二弾。巻頭には特別書下ろしも。

2063
ケアと編集
白石正明 著
〈ケアをひらく〉の名編集者が一人ひとりの「弱さ」という傾きを後押し。自分を変えずに生きやすくなる逆説の自他啓発書。

2064
日本人拉致
蓮池薫 著
なぜ私は拉致されたのか？「マインドコントロール」の現実とは。国家に生を翻弄された当事者が、未解決事件の本質を記す。

2065
コーポレートガバナンス入門
太田洋 著
コーポレートガバナンスとは何か。この概念の生まれた経緯や規制の手法、本質を明らかにし、実務に必須の知識を提供する。

2066
和菓子の京都 増補版
川端道喜 著
十五代当主がかつて語った和菓子のゆたかな世界に、春夏秋冬、折々に作られる菓子の写真を添え、今日までの歩みを増補した。

2067
わかりあえないイギリス
反エリートの現代政治
若松邦弘 著
傲慢なエリートは私たち普通の人々の苦しみを分かっていない――既存の左右対立に収まらない新たな対立構図の原因を探る。

（2025.6）